Erneuerbare Energien

zum Verstehen und Mitreden

Christian Holler
Joachim Gaukel
Harald Lesch
Florian Lesch

Erneuerbare Energien zum Verstehen und Mitreden

Christian Holler
Joachim Gaukel
Harald Lesch
Florian Lesch

C. Bertelsmann

greenprint*
klimapositiv gedruckt

MIX
Papier aus verantwortungsvollen Quellen
FSC® C005108
www.fsc.org

Penguin Random House Verlagsgruppe FSC® N001967

Cradle to Cradle Certified™ Pureprint
innovated by gugler*
Gesund. Rückstandsfrei. Klimapositiv.
www.gugler.at

1. Auflage

Redaktion Anne Tucholski
Gestaltung/Satz Manuel Lorenz, Anna Lino Roeßle
Illustrationen/Umschlaggestaltung Charlotte Kelschenbach
Fotografien Adina Huber
Bildbearbeitung Reproline Mediateam GmbH, Unterföhring
Druck und Bindung Gugler GmbH, 3900 Melk, Österreich
Printed in Austria

ISBN 978-3-570-10458-3

www.cbertelsmann.de

Denjenigen, die Energie in die
Diskussion gebracht haben,
freitags und an anderen Tagen.

Inhalt

Vorwort

Wie die Zeiten sich doch ändern. Früher kam der Strom einfach aus der Steckdose. Wie er in die Steckdose kam, hat uns nicht wirklich interessiert. Wenn überhaupt, dann war der Gedanke: „Die machen das schon!" Die, das waren und sind die großen Energieunternehmen mit ihren großen Kraftwerken. Wenn man überhaupt etwas von der Stromproduktion wahrnahm, dann waren das die weiß qualmenden Riesenschornsteine der Kraftwerksanlagen. Und natürlich die großen und kleinen Überlandleitungen. In den Dörfern und Städten sieht man davon aber schon lange nichts mehr. Alles ist unterirdisch, unsichtbar. Die Stromversorgung geschieht durch Stromkabel. Und so wie das Erdgas durch Pipelines und unsere Abwässer durch unterirdische Kanalsysteme fließen, erreicht uns die höchste Form von Energie, die elektrische Energie, eben auch durch den Untergrund. Ein Kabel dockt ans Haus an, erscheint als Metallwurm von unten im großen Zählerkasten und versorgt alle Haushalte unter demselben Dach. Alles, was wir an grundlegenden Energien und Rohstoffen brauchen, wird unsichtbar geliefert, und unsere Abfälle verschwinden ebenso ins Unsichtbare.

Doch diese Zeiten sind vorbei! Noch nicht ganz, aber wir alle müssen dafür sorgen, dass der sorglose Umgang mit Energie und Rohstoffen ein schnelles Ende findet. Denn unser Planet meldet sich durch zahlreiche Erscheinungen, die unser aller Dasein bedrohen. Wir haben ihn zu einer globalen Abfallhalde gemacht, zu Lande, zu Wasser und in der Luft. Das fällt jetzt auf uns zurück. Es fällt uns auf die Füße. Fossile, Jahrmillionen alte Energien in Form von Kohle, Öl und Gas haben uns zwar gewärmt und bewegt, aber eben auch die Luft so verändert, dass die Erde heute ständig wärmer wird. Und genau darauf reagiert die Natur, und zwar auf ganz natürliche Weise: Die Eisflächen schrumpfen, die Permafrostböden tauen auf, die Meeresspiegel steigen, die Ozeane werden saurer, die Dürren immer länger und die Regenfälle stärker. Die Wetterextreme werden extremer, und die mittleren Temperaturen steigen und steigen. Ebenso die Konzentration an Treibhausgasen, die diese Erwärmung verursachen. Das Schlimme: Wir haben diesen Wandel ausgelöst!

So kann unsere Antwort darauf nur sein: Raus aus allem, was Kohlenstoff in die Atmosphäre treibt. Keine Verbrennung mehr von Kohle, Öl und Gas, sondern hinein in die erneuerbaren Energien. Aber werden Sonne und Wind unsere Stromproduzenten der Zukunft sein, oder gibt es Alternativen? Wie viel Fläche werden wir für erneuerbare Energien einsetzen müssen? Wird eine Reise durch das Deutschland der Zukunft eine Reise durch große Windparks, große Fotovoltaik- und Solarthermie-Anlagen sein, unter deren Kollektoren die Landwirtschaft auch in heißen Sommern hohe Erträge bringt? Oder wird die Energiewende ganz anders aussehen?

Egal, welche Vision Realität wird, in jedem Fall braucht es dazu die Hilfe und Unterstützung aller Menschen! Die Energiewende hin zu erneuerbaren Energien und ihr positiver Einfluss auf den Klimaschutz sind Schlüsselmomente für die zukünftigen Generationen. Dabei haben wir keine Zeit zu verlieren: Heute müssen die richtigen richtungsweisenden Entscheidungen getroffen werden. Aber damit da auch alle mitgehen können, müssen alle wissen, wovon die Rede bei dieser Veränderung ist. Ohne falsche Versprechen zu machen, mit Klarheit und physikalischen Argumenten erklären wir, was erneuerbare Energien können und was nicht. Und was unsere Worte nicht schaffen, das erklären die Grafiken. Viel Vergnügen! Und machen Sie mit!

Energie!

Sie verbrauchen Energie! Gerade jetzt! Ohne dass Sie irgendetwas tun, verbraucht Ihr Körper 2000 Kilokalorien am Tag, einfach nur, um Sie am Leben zu halten. Wenn Sie versuchen, diesen Text zu lesen und zu verstehen, verbrauchen Sie schon etwas mehr Energie, und wenn Sie gleich im Internet recherchieren, ob diese Behauptungen wirklich stimmen, verbrauchen Ihre Suchanfragen auf den globalen Servern noch ein bisschen mehr Energie. Wie viel, das können Sie ebenfalls im Internet herausfinden, was allerdings, wie gesagt, wieder Energie verbraucht.

Energie ist Leben

Energie wird für alles, was auf der Erde und im Universum stattfindet, benötigt. Das Universum ist ein Spielplatz der Energie. Ohne sie gäbe es keine Bewegung, keine Strahlung, keinen Gedanken, nichts. Energie ist der Anfang von allem. Auch und gerade für uns Menschen, denn wir sind Energiefresser.

Wie grundlegend Energie für uns ist, können wir an unserer eigenen Definition von Leben erkennen. Als „lebend“ bezeichnen wir, was mit seiner Umgebung stoffwechselt, um sich selbst, seinen Körper und dessen Funktionen aufrechtzuerhalten. Ein Lebewesen tauscht Luft, Wasser und Nährstoffe mit der Umwelt aus. Ein Lebewesen ist dabei eine Art „Durchlauferhitzer“, denn es nutzt die Energie, die in den Verbindungen von Atomen und Molekülen steckt, hält sich so am Leben und gibt Abfallstoffe ab. So lebt es. Als „tot“ bezeichnen wir etwas, das aufgehört hat, Energie auf diesem Weg auszutauschen. Es zerfällt dann wie ein welker Blumenstrauß in seine Bestandteile. Leben ist Energie im Fluss. Alles andere an Materie ist unbelebt.

Aber nicht nur für die natürlichen Kreisläufe, auch für die enormen Bewegungen unseres globalen Wirtschaftskreislaufs sind gigantische Energiemengen vonnöten. Unsere Schiffe, Flugzeuge und Fahrzeuge, unsere Maschinen, unsere Landwirtschaft, unsere Häuser, unsere Elektronik – alles braucht Energie, um zu funktionieren. Und um diesen Bedarf zu decken, nutzen wir vor allem die Jahrmillionen alten Energiespeicher der Erde – Kohle, Öl und Gas – und verändern dadurch unseren Planeten.

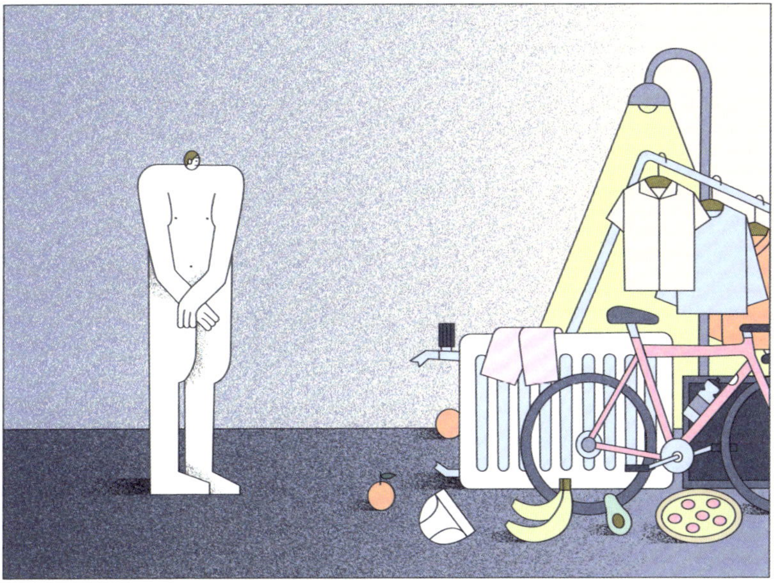

Ohne Energie würden nicht nur die meisten Annehmlichkeiten wegfallen, wie eine heiße Pizza am Abend vor dem Fernseher oder die Urlaubsreise, sondern auch Grundlegendes wie Autofahren und ein warmes Wohnzimmer.

Unser Lebensstandard hängt von Energie ab

Könnten wir nicht einfach auf einen Großteil der Energie verzichten und die Welt so vor dem drohenden Klimawandel bewahren?

Überlegen Sie sich doch einmal, was von Ihrem täglichen Leben ohne Energie übrig bleiben würde. Bei der Mobilität ist es offensichtlich: Autofahren, Fliegen, Reisen ins Ausland würden natürlich sofort wegfallen. Aber selbst in einem Fahrrad steckt sogenannte „graue Energie" für die Produktion von Stahl und Carbon, für den Gummi, den Transport zum Fahrradladen etc.

Was ist mit unserer Ernährung? Die Tomate oder der Salat im Winter, eine Avocado oder Mango, auch Bananen oder Orangen wären in unseren Breitengraden unbekannt. Tiefkühlpizza – undenkbar. Fleisch – eine Sonntagsausnahme.

Und was ist mit Fernsehen, Computer und Handy? Fehlanzeige! Hier ist es weniger der Betrieb als die Herstellung all dieser Geräte, die viel Energie verschlingt. Wohlig geheizte Häuser im Winter mit fließend (warmem) Wasser ebenso. Auch unsere moderne Medizin mit ihren Medikamenten und Operationstechniken hängt von Energie ab. Und regelmäßig neue Kleidung für die unterschiedlichsten Anlässe? Es würde fast nichts übrig bleiben!

Die Qualität unseres Lebens bemessen wir aber nun einmal anhand von Reisen, anhand der Anzahl und Qualität von Dingen wie Autos und Häusern, anhand von Gesundheit, Komfort und anhand von Geld, das widerspiegelt, welche Menge an Konsumgütern und Dienstleistungen wir erwerben können. Die Höhe unseres Lebensstandards hängt auf Gedeih und Verderb von Energie ab – ob wir es wahrhaben wollen oder nicht.

Wie konnten wir nur so abhängig werden von Energie?

Die Entwicklung menschlicher Kulturen ist ohne die Erschließung immer neuer Energiequellen nicht denkbar. Jäger und Sammler haben ihren Energiebedarf noch aus der Umgebung gedeckt, ohne größer in die Natur einzugreifen. Aber schon die Landwirtschaft der ersten Hochkulturen zähmte manche Energieform, wie die Wasser- oder Windkraft, und hat die Biomasse intensiv ausgebaut, um Nahrung für Mensch und Arbeitstier sowie Holz zum Kochen und Heizen zu produzieren.

Im Zuge der Industrialisierung vor rund 200 Jahren begann der Mensch, mit dem Einsatz von Maschinen noch stärker völlig neue Energiequellen zu nutzen: Wir machten uns an die Energiespeicher unseres Planeten heran. Kohle, Öl und Gas wurden aus der Erde geholt, denn diese Rohstoffe besitzen eine besonders hohe Energiedichte, die durch aufwendige Verfahren in den Raffinerien sogar noch weiter konzentriert werden kann. So können diese Rohstoffe Flugzeuge vom Boden abheben lassen und Automobile beschleunigen. Zugleich können sie in elektrische Energie verwandelt werden, die höchste Form von Energie, die wir kennen, weil sie über weite Strecken verteilt und für fast alles eingesetzt werden kann.

Es ist dieser elektrische Strom, der unsere Computer, Kühlschränke und Klimaanlagen, unsere Smartphones, Tablets und Fernsehapparate erst möglich macht. Die Jäger vor 10 000 Jahren dagegen hatten keine Gadgets und gingen noch zu Fuß. Selbst die meisten Menschen des 19. Jahrhunderts waren noch Fußgänger ohne GPS. Aber weil inzwischen immer mehr Menschen einen modernen, energieaufwendigen Lebensstil genießen, nimmt der Verbrauch an Energie immer weiter zu, und wir tragen erheblich dazu bei.

Es lohnt sich also, über Energie zu sprechen

Energie dominiert unseren modernen Lebensstil, auch wenn wir nur selten über sie nachdenken. In diesem Buch wollen wir genau das tun: uns mit dem Thema Energie beschäftigen. Und mit der Frage, wie wir unseren Bedarf in Zukunft decken wollen. Welche Optionen haben wir? Welche sind endlich, welche nachhaltig und welche davon sinnvoll, welche weniger sinnvoll? Welche können unseren immensen Energiebedarf wirklich decken? Oder gibt es vielleicht gar keine nachhaltigen Energiequellen, die groß genug sind, und wir alle müssen unser Leben verändern?

Energie verstehen

Zuerst möchten wir gemeinsam ein Gefühl für Energiemengen entwickeln. Stellen Sie sich vor, Sie sitzen auf einem Fahrrad und treten ordentlich in die Pedale. Und nehmen wir an, es ist ein besonderes Fahrrad, das die von Ihnen aufgewendete Energie komplett in Strom umwandelt, quasi ein Hometrainer mit Generator. Wie viel Energie könnten Sie damit an einem Tag erzeugen? Könnte man damit ein Brot toasten? Oder einen Tag lang eine Glühbirne leuchten lassen?

Fahrradfahrer für alle

Fahrradfahrer nehmen in unserem Buch die Hauptrolle ein, auf sie werden wir immer wieder zurückkommen, um ein Gefühl für die jeweilige Energiemenge zu bekommen. Und unsere Fahrradfahrer sind ziemlich sportlich, sie sitzen jeden Tag zehn Stunden auf dem Fahrrad, also mehr als einen vollen Arbeitstag, und das 365 Tage im Jahr. Ihre einzige Aufgabe ist es, Energie zu generieren, zehn Stunden am Tag, jeden Tag.

Wie viel Energie kann dieser Fahrradfahrer am Tag produzieren? Mithilfe eines Fahrradfahrers wollen wir Energie vorstellbar machen.

Wie viel Energie kann ein Fahrradfahrer an einem Tag produzieren?

Jetzt kommt die wichtigste Größe in diesem Buch: Realistisch ist es, in zehn Stunden eine Energiemenge von einer Kilowattstunde (kWh) zu erzeugen. Das heißt, pro Tag erzeugt unser Fahrradfahrer eine Kilowattstunde Energie und somit im Jahr 365 Kilowattstunden, er hat ja keinen freien Tag. Machen Sie sich keine Sorgen, wenn Sie noch kein Gefühl für die Größe dieser Energiemenge haben, das wird sich bald ändern. Kilowattstunde ist unsere grundlegende Einheit für eine handliche Energieportion.

Vielleicht sagt der eine oder die andere jetzt: Kilowattstunde kenne ich doch von der Strom- und Gasrechnung! Stimmt, man bezahlt Strom und häufig auch Gas nach Kilowattstunde, also nach im Haushalt verbrauchten Energieportionen. In Form von Strom kostet eine Kilowattstunde ungefähr 30 Cent. In Form von Gas nur ungefähr fünf Cent. Und wenn wir eine Kilowattstunde in Benzin umrechnen, landen wir bei 100 Millilitern. Ziemlich wenig, wenn man bedenkt, dass man selbst dafür zehn Stunden hart körperlich arbeiten müsste. Unser Fahrradfahrer ist also ziemlich arm, trotz schwerster Arbeit – aber dafür ziemlich fit.

Mit solchen Darstellungen wollen wir Größenordnungen verdeutlichen: Ein Fahrradfahrer, der für 10 Stunden in die Pedale tritt, kann 1 kWh Energie produzieren. In Form von Strom kostet diese ungefähr 30 Cent. Genauso viel Energie steckt in 100 ml Benzin. Bei einem Literpreis von 1,50 Euro wären das 15 Cent pro kWh.

Was kann man mit einer Kilowattstunde alles machen?

Man kann zum Beispiel eine Ladung Wäsche bei 60 Grad waschen oder ein Essen kochen. Und jetzt kommts: Sie können mit einer Kilowattstunde aber nur drei Minuten lang warm duschen oder sechs Kilometer im Stadtverkehr mit einem E-Auto fahren – ziemlich wenig für zehn Stunden Fahrradfahren. Mit einem Verbrenner kommen Sie mit 100 Millilitern Benzin, also einer Kilowattstunde, sogar nur ein bis zwei Kilometer weit. Und um unsere Fragen oben zu beantworten: Sie können mit einer Kilowattstunde ungefähr eine Stunde lang Brot toasten oder eine

100-Watt-Glühbirne für 10 Stunden brennen lassen – oder eine gleich helle LED für 60 Stunden. Eine Kilowattstunde ist also eine recht handliche Energiemenge.

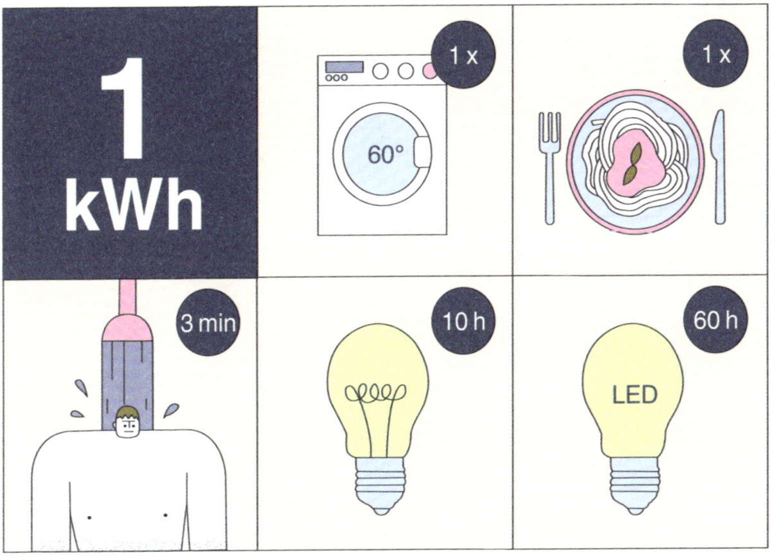

Was kann man mit 1kWh alles anstellen? Im Haushalt ist sie eine typische Energiemenge für viele Dinge unseres täglichen Lebens.

Wie wollen wir die Kilowattstunde im Buch nutzen?

Um die verschiedenen Arten der Energieerzeugung untereinander oder mit unserem Energieverbrauch zu vergleichen, müssen wir alle Ergebnisse auf dieselbe Vergleichsgröße herunterbrechen. Und es müssen dabei Zahlen entstehen, die wir uns vorstellen können. Nehmen wir etwa den Energieverbrauch von ganz Deutschland oder die Energie, die alle Windkraftwerke zusammen in Deutschland im Jahr produzieren. Um diese riesigen Energiemengen besser einordnen und vergleichen zu können, wollen wir sie vereinfachen. Dafür verteilen wir die Energiemenge gleichmäßig auf alle Einwohner Deutschlands (circa 80 Millionen) und auf alle Tage eines Jahres. Das heißt, wir rechnen alles um in **Kilowattstunden pro Person und Tag**.

Im Buch werden Sie verschiedene Fahrradfahrer und Fahrradfahrerinnen finden, sie symbolisieren unterschiedliche Energiequellen und unseren Energieverbrauch. Aber alle sind gleich fit und produzieren jeweils 1kWh pro Tag.

Ein Beispiel: Der Strom, den alle Windkraftwerke im Jahr 2020 in Deutschland erzeugt haben, ergibt in unsere Einheit umgerechnet 4,5 Kilowattstunden pro Person und Tag. Zum Vergleich: Der gesamte Stromverbrauch in Deutschland (inklusive dessen der Industrie) betrug 2020 ungefähr 17 Kilowattstunden pro Person und Tag, also fast viermal so viel. Das heißt, nur gut ein Viertel unseres Stromes kommt aus der Windkraft. Wichtig dabei ist aber noch ein weiterer Aspekt: Der Stromverbrauch ist nicht identisch mit unserem gesamten Energieverbrauch, weil der Großteil unserer Energie gar nicht in Form von Strom verbraucht wird, sondern durch die direkte Nutzung von fossilen Brennstoffen. Aber dazu kommen wir noch.

Um das alles noch besser zu verstehen, können wir unsere Einheit nun mit unserem Fahrradfahrer verknüpfen: Wenn Sie etwa feststellen, dass Sie eine Kilowattstunde Strom pro Tag verbrauchen oder 365 Kilowattstunden im Jahr, dann haben Sie dafür quasi einen Fahrradfahrer in Ihren Diensten, der nur für Sie arbeitet – oder Sie strampeln selbst für zehn Stunden täglich. Und wenn Sie insgesamt 100 Kilowattstunden Energie am Tag oder 36 500 Kilowattstunden im Jahr verbrauchen, dann sind es 100 Fahrradfahrer, die täglich für Sie radeln – selbst geht das dann natürlich nicht mehr.

Was schätzen Sie: Wenn wir den gesamten Energieverbrauch Deutschlands (also nicht nur Strom, sondern auch Benzin, Heizöl etc.) auf uns alle gleichmäßig verteilen – sind das 20 Fahrradfahrer für jeden oder eher 100 Fahrradfahrer oder vielleicht 1000? Im nächsten Kapitel finden Sie die Antwort.

Wir werden alle Zahlen übrigens großzügig runden, denn ob wir 98 oder 100 Fahrradfahrer nehmen, spielt für unsere Abschätzungen keine große Rolle. Ob es 20 oder 100 Fahrradfahrer sind, aber schon.

Wir werden unsere Fahrradfahrer zudem dazu benutzen, die Effizienz unterschiedlicher Energiequellen miteinander zu vergleichen, zum Beispiel Fotovoltaik mit Biomasse. Dazu überlegen wir uns, wie viel Quadratmeter Fotovoltaik im Jahresdurchschnitt genauso viel Energie erzeugen wie einer unserer Fahrradfahrer, also eine Kilowattstunde pro Tag oder 365 Kilowattstunden pro Jahr, und vergleichen das mit der benötigten Fläche Ackerland, auf der Energiepflanzen wachsen. Das Ergebnis: Wir brauchen mindestens 100 Quadratmeter Ackerfläche, um dieselbe Menge an Energie zu erhalten. Unsere Fahrradfahrer sind also die Hauptpersonen in diesem Buch, mit ihnen werden wir Energiemengen verstehen können.

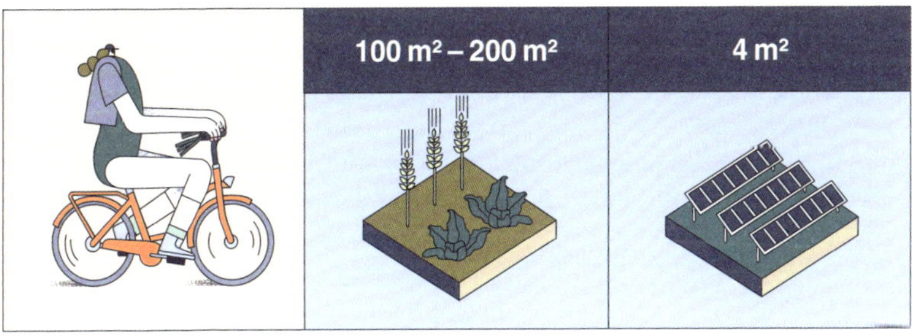

4 m² Fotovoltaik-Freilandfläche produzieren im Durchschnitt genauso viel Energie wie eine unserer Fahrradfahrerinnen, also 1 kWh pro Tag oder 365 kWh im Jahr. Für Biomasse benötigen wir mindestens 100 m² Ackerfläche mit Energiepflanzen, um nach einem Jahr genauso viel Energie in Form von Biomasse zu erhalten, also 365 kWh.

Übrigens, der Zeitraum der Betrachtung spielt hier eigentlich keine Rolle, er muss nur in allen Fällen gleich lang sein: vier Quadratmeter Freiflächenfotovoltaik produzieren an einem Tag im Schnitt so viel Energie wie eine Fahrradfahrerin an einem Tag und in zehn Jahren so viel wie eine Fahrradfahrerin in zehn Jahren.

Kohle- oder Atomkraftwerke als Vergleichsgröße

Manchmal möchten wir allerdings die Leistungsfähigkeit ganzer Kraftwerke miteinander vergleichen, etwa die momentane Energieproduktion eines großen Windparks im Vergleich zu einem Atomkraftwerk. Da ein Atomkraftwerk oder ein typisches Kohlekraftwerk im Betrieb so viel leistet wie zehn Millionen Fahrradfahrer, die gleichzeitig in die Pedale treten (für die Experten: ein Gigawatt oder 1,3 Millionen PS), wird die Zahl der Fahrradfahrer hier sehr groß und unverständlich. Also verwenden wir statt Fahrradfahrern lieber gleich Kohle- oder Atomkraftwerke als Vergleichsgröße.

Ein Beispiel: An einem sonnigen Tag im Sommer liefert die zurzeit in ganz Deutschland installierte Fotovoltaik zur Mittagszeit so viel Strom wie 40 Kohlekraftwerke – ein aufschlussreicher Vergleich. Aber wichtig ist dabei Folgendes: Morgens und abends liefert Fotovoltaik natürlich deutlich weniger als mittags, und nachts gar nichts. Deswegen produziert Fotovoltaik im Durchschnitt über das Jahr gerechnet nicht so viel Strom wie 40 Kohlekraftwerke, die ja rund um die Uhr laufen, sondern nur so viel Strom wie sieben Kohlekraftwerke. Fotovoltaik kann also bis zu 40 Kohle- oder Atomkraftwerke ersetzen, allerdings nicht rund um die Uhr, sondern nur mittags im Sommer bei schönem Wetter.

Okay – jetzt, wo wir Energiemengen einordnen und vergleichen können, lassen Sie uns anfangen, über unseren Energieverbrauch zu sprechen, bevor wir danach auf die erneuerbaren Energien eingehen.

Energie-verbrauch

Wenn wir über die Energiewende sprechen wollen, dann geht es darum, dass sich etwas wendet. Um eine Veränderung zu verstehen, sollte man sich mit ihrem Ziel und mit ihrem Ausgangspunkt befassen. Daher müssen wir zuerst verstehen, wie viel Energie wir heute verbrauchen und wo diese Energie bislang herkommt. Und mit diesem Wissen wollen wir dann in den weiteren Kapiteln folgendes Gedankenexperiment durchführen:

Könnten wir unseren heutigen Energiebedarf allein mit erneuerbaren Quellen decken?

Was denken Sie? Ist das machbar, vielleicht sogar ganz einfach? Oder völlig unmöglich? Um dieser Frage nachzugehen, wollen wir Energieverbrauch und Energieerzeugung in einer Bilanz gegenüberstellen.

Unsere Energiebilanz: links der aktuelle Energieverbrauch in kWh pro Tag und Person, rechts das Potenzial der erneuerbaren Energien, das wir in dem Buch abschätzen wollen. Jede kWh entspricht einem Fahrradfahrer. Wie hoch wird die rechte Säule?

Links sehen wir den heutigen Energieverbrauch gleichmäßig auf alle Einwohner Deutschlands verteilt. Über die Höhe der Säule werden wir gleich noch sprechen, wir werden sie in Kilowattstunden pro Tag und Person angeben. Genauso viele Fahrradfahrer hat quasi jeder Einwohner in seinen Diensten, die tagein, tagaus für ihn Energie liefern. In Wirklichkeit sind es natürlich nicht Fahrradfahrer, sondern unsere Kraftwerke, die den Strom produzieren. Zusätzlich beziehen wir Energie aus Treibstoffen wie Benzin, Diesel oder Kerosin für Fahr- und Flugzeuge. Und zum Heizen beziehen wir Energie aus Öl und Gas.

Rechts bauen wir im Laufe des Buches nach und nach eine Säule auf, welche die in Deutschland mögliche Energieerzeugung durch erneuerbare Quellen darstellt. Wir werden alle Möglichkeiten der nachhaltigen Energieerzeugung durchgehen, und dabei wird die rechte Säule nach und nach wachsen. Wir aktualisieren sie nach jedem Kapitel. Wird die rechte Säule höher als die linke? Das würde bedeuten, wir könnten ohne Probleme unseren Energiebedarf aus erneuerbaren Energien decken. Oder bleibt die rechte Säule kleiner als die linke? Dann müssten wir uns etwas anderes überlegen, wenn wir in Zukunft ausschließlich klimaneutrale Energie nutzen wollen. Was schätzen Sie, wie es ausgeht?

Unser Energieverbrauch in Deutschland

Wie gesagt: Um das Gedankenexperiment durchzuführen, müssen wir zunächst verstehen, wie hoch unser Energieverbrauch heute in Deutschland ist. Dazu müssen wir klären, welchen Energieverbrauch wir meinen.

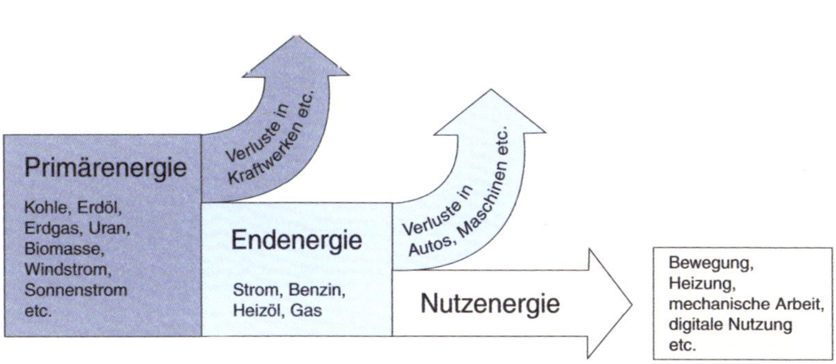

Energieverbrauch ist nicht gleich Energieverbrauch. Die Unterscheidung von Primärenergie, Endenergie und Nutzenergie ist in diesem Zusammenhang sehr wichtig.

Unter dem sogenannten **Primärenergieverbrauch** verstehen wir die gesamte Energiemenge aller Energieträger und -quellen, die wir benötigen, um unser Land in Gang zu halten. Für die Stromerzeugung durch die Kraftwerke nutzen wir Kohle, Erdöl, Erdgas oder Uran, aber auch Wind, Sonne und Biomasse. Für die Fortbewegung nutzen wir Benzin, Diesel und Kerosin, alles Stoffe, die in Raffinerien aus Rohöl gewonnen werden. Und zum Heizen nutzen wir Heizöl, das ebenfalls in einer Raffinerie aus Rohöl gewonnen wird. Wenn wir den Energiegehalt aller Grundstoffe und Quellen zusammenzählen, kommen wir auf einen Primärenergieverbrauch von 120 Kilowattstunden pro Tag und Person oder 120 Fahrradfahrern pro Einwohner Deutschlands. Ist das nun viel oder wenig? Auch dafür werden wir ein Gefühl entwickeln.

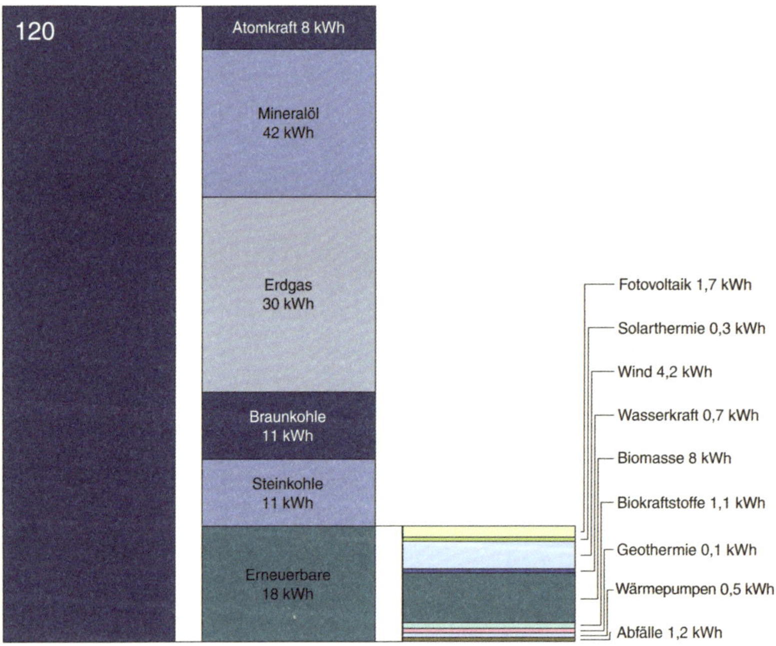

Wie wird der Primärenergiebedarf von 120 kWh pro Person und Tag in Deutschland aktuell gedeckt?

Von den 120 Kilowattstunden, die jeder von uns im Schnitt pro Tag verbraucht, kommen mehr als 100 (oder 85 Prozent) aus fossilen Brennstoffen (und etwas Kernenergie). 18 Kilowattstunden (oder 15 Prozent) stammen aus erneuerbaren Energien. Fotovoltaik und Wind machen sogar nur fünf Prozent aus – verblüffend, wenn man sich die aufgeregte öffentliche Diskussion darum ansieht. Übrigens: Nur grob ein Drittel der Primärenergie wird für die Stromproduktion eingesetzt, den Rest verbrauchen wir direkt, vor allem durch Verbrennung in Heizungen und Fahrzeugen, und hier ist der Anteil der erneuerbaren Energien noch sehr klein. Das erklärt auch, warum der Anteil der erneuerbaren Energien an der Stromproduktion zuletzt circa 50 Prozent betragen hat, ihr Anteil am gesamten Primärenergiebedarf aber erst bei 15 Prozent liegt. Hören Sie also genau hin: Spricht jemand von „Energieproduktion“ oder von „Stromproduktion“? Das ist ein gewaltiger Unterschied.

Im Gegensatz zum Primärenergiebedarf ist der **Endenergiebedarf** das, was beim Endverbraucher ankommt. Also der Strom bei uns zu Hause oder der für die Industrie. Und auch das Benzin, mit dem wir an der Tankstelle unser Auto betanken. Oder die Wärme, die wir mit Solarthermie vom Dach holen oder aus dem Fernwärmenetz oder in Form von Erdöl, Gas oder Pellets einkaufen. Der Endenergiebedarf beträgt in Deutschland 85 Kilowattstunden pro Tag und Person. Warum ist das weniger als der Primärenergiebedarf? Vor allem in den Kraftwerken geht bei der Umwandlung etwa von Kohle zu Strom viel Energie verloren (über 50 Prozent verpufft als Wärme), und bei der Übertragung von Strom zu uns nach Hause wiederum fünf Prozent. Aber auch bei der Raffinierung von Benzin aus Rohöl verlieren wir circa zehn Prozent. Alle diese Verluste sind schon abgezogen, wenn die Energie beim Endverbraucher ankommt, und das macht die Differenz zwischen Primär- und Endenergie aus.

Bleibt noch der sogenannte **Nutzenergieverbrauch.** Der ist noch einmal kleiner, denn hier betrachten wir nur die Energie, die für uns von Nutzen ist. Die Nutzenergie lässt sich allerdings viel schwieriger bestimmen und wird statistisch nicht erfasst. Zum Beispiel gehen beim Autofahren mit einem Verbrenner über 70 Prozent der im Benzin enthaltenen Energie nutzlos als Wärme verloren und nur 20 bis 30 Prozent gehen in den Antrieb des Autos. Nur dieser Antrieb ist das, was uns nutzt. Ein Elektroauto ist hier zwar deutlich effizienter, hat aber ebenfalls Verluste. Und hier kommt die schlechte Nachricht: Bei der Umwandlung von Energie in eine für uns nützliche Form geht immer Energie verloren, kein Prozess ist zu 100 Prozent effizient. Das gilt in besonderem Maße für die Umwandlung von Wärme in Strom, etwa in einem Kohlekraftwerk, und für die Umwandlung von Wärme in mechanische Arbeit, zum Beispiel in einem Motor.

Welche Zahl wollen wir für die linke Seite unserer Bilanz nehmen?

Unser Lebensstandard ist eng verknüpft mit unserem Endenergiebedarf. Wenn wir diesen durch erneuerbare Quellen ersetzen würden, bliebe im Grunde alles beim Alten – wir müssten uns kaum umstellen. Ist also der Endenergieverbrauch die richtige Zielmarke für die Energieproduktion aus erneuerbaren Energien? Aber auch die erneuerbaren Energien kommen nicht ohne Verluste aus. Der Strom muss zum Beispiel immer noch zu uns nach Hause transportiert oder zwischengespeichert werden wegen der Schwankungen in der Gewinnung von Wind- und Sonnenenergie. Dabei entstehen zum Teil recht große Verluste, etwa im Fall der Produktion von Wasserstoff aus sogenanntem „grünen Strom“. Vielleicht ist der heutige Primärenergiebedarf also doch die realistischere Zielmarke?

Weil die Antwort auf diese Frage nicht einfach ist, wollen wir für unser Gedankenexperiment beide Zahlen in die Bilanz aufnehmen: unseren momentanen End- und unseren momentanen Primärenergiebedarf. Würden wir, Stand jetzt und heute, den gesamten Energieverbrauch durch erneuerbare Energien ersetzen wollen, dann wäre wahrscheinlich eine Energiemenge zwischen diesen beiden Werten, also zwischen 85 und 120 Kilowattstunden pro Tag und Person, die richtige Größe. Denn zum einen fallen durch die Umstellung auf erneuerbare Energien die Verluste in den fossilen Kraftwerken weg, zum anderen aber bringt die nötige Energiespeicherung neue Verluste mit sich. Suchen Sie sich gerne die Zahl aus, die Sie persönlich für realistischer erachten, für die Erkenntnisse in diesem Buch ist das nicht entscheidend.

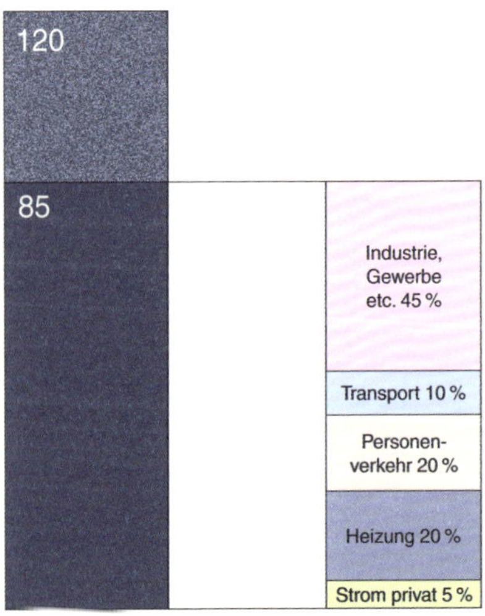

Unser Energieverbrauch in Deutschland: Primärenergiebedarf 120 kWh und Endenergieverbrauch 85 kWh pro Tag und Person. Auf Strom im Haushalt, Heizung und Personenverkehr haben wir direkten Einfluss. Auf den Energieverbrauch beim Transport von Waren und den von Industrie, Gewerbe etc. indirekt über unser Konsumverhalten.

Natürlich können wir davon ausgehen, dass wir in Zukunft effizientere Technologien haben werden und dadurch hoffentlich unseren Energieverbrauch reduzieren können. Ein großes Potenzial liegt dabei in der Elektrifizierung von Mobilität und Heizung. Dennoch wollen wir den heutigen Energieverbrauch für unsere Bilanz nehmen. Denn zum einen muss der Strukturwandel erst einmal erfolgreich umgesetzt werden, und zum anderen zeigt ein Blick auf die letzten 30 Jahre, dass sich trotz deutlich effizienterer Technik der Endenergieverbrauch gar nicht verändert hat, sondern konstant geblieben ist. Es ist also nicht ausgemacht, dass sich unser Energieverbrauch durch technischen Fortschritt so einfach reduzieren lässt, wie häufig angemerkt wird. Setzen wir zum Beispiel im Mobilitätssektor voll auf E-Fuels, also auf Elektro-Kraftstoffe, dann steigt der Energieaufwand in diesem Bereich sogar, anstatt zu fallen.

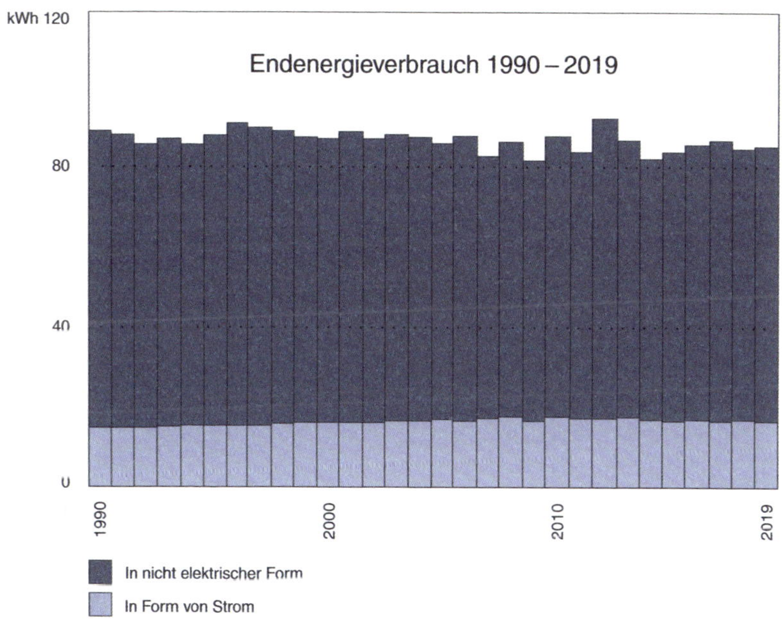

Der Endenergieverbrauch in kWh pro Tag und Person in Deutschland liegt seit 30 Jahren bei ungefähr 85 kWh pro Person und Tag, trotz deutlich effizienterer Technologien. Zumindest hat er sich vom Wirtschaftswachstum abgekoppelt. Aber reicht uns das?

Internationaler Vergleich

Wie sieht es eigentlich mit dem Primärenergieverbrauch in anderen Ländern aus? Das ist eine äußerst interessante Frage. Schauen wir uns doch einmal ein paar prominente Länder an:

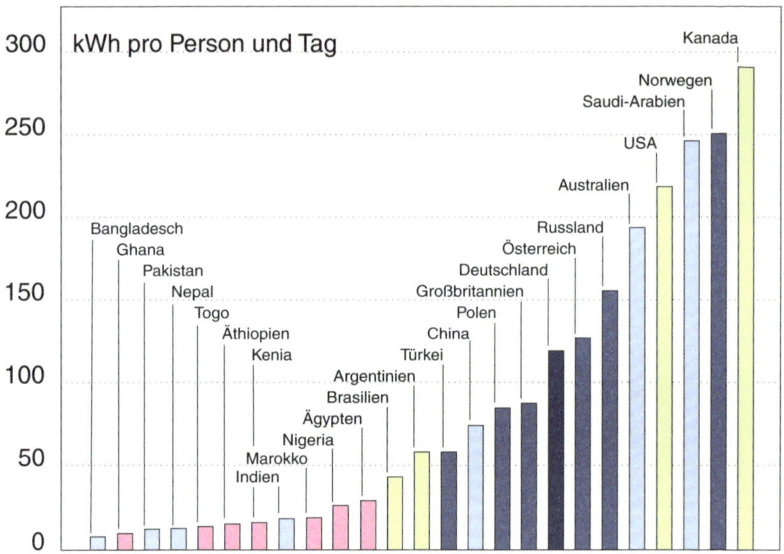

Auf der Erde wird sehr ungleichmäßig Energie verbraucht (hellblau: Asien-Pazifik, rosa: Afrika, gelb: Amerika, dunkelblau: Europa). Der Weltdurchschnitt liegt übrigens bei knapp 60 kWh pro Tag und Person, wir liegen in Deutschland also beim Doppelten. Schauen Sie doch mal, wo Indien und China liegen!

Wir erkennen sofort: Energieverbrauch hat viel mit Reichtum zu tun. Generell verbrauchen reiche Menschen mehr Energie als arme. In Indien etwa beträgt der Pro-Kopf-Energieverbrauch nur ein Fünftel von unserem. Wollen wir den Menschen in Indien nicht auch einen Lebensstandard wie in Deutschland zugestehen? Wenn ja, ist das nur mit deutlich höherem Energieverbrauch möglich. Zusätzlich wächst die Weltbevölkerung nach wie vor. Der gesamte weltweite Energieverbrauch wird also voraussichtlich erst einmal weiter steigen, auch wenn der Anstieg sich zuletzt etwas verlangsamt hat. Aber allein zwischen 1973 und 2020 hat sich die Weltbevölkerung verdoppelt, und auch in Deutschland haben wir fünf Prozent Zuwachs.

Aber zurück zu unserem Gedankenexperiment. Wie sieht es nun aus: Können wir unseren heutigen Energieverbrauch komplett aus erneuerbaren Quellen decken? Im Folgenden wollen wir uns gemeinsam ein Gefühl dafür erarbeiten, wie die Energieversorgung der Zukunft aussehen könnte, damit jeder mitreden kann bei diesem wichtigen Thema und mitentscheiden kann, welchen Weg wir in den nächsten Jahrzehnten einschlagen wollen. Fangen wir also an!

Sonne

Die Sonne ist DER Energielieferant unseres Planeten. So gut wie alle uns verfügbaren Energiequellen, zum Beispiel Windenergie und Wasserkraft, speisen sich direkt oder indirekt aus Sonnenlicht. Denn die Sonne ist der Motor unseres Wetters. Sogar fossile Energieträger wie Erdgas, Kohle und Erdöl enthalten uralte gespeicherte Sonnenenergie, die sich über Jahrmillionen angesammelt hat. Aber bedeutet das auch, dass Sonnenenergie bei den erneuerbaren Energien die dominierende Quelle sein wird?

Überblick Sonne

Weil die Sonne eine sehr große und heiße Kugel aus Gas ist, strahlt sie enorme Mengen an Energie ab. Sie ist an ihrer Oberfläche über 5500 Grad Celsius heiß. Zum Glück sind wir 150 Millionen Kilometer von der Sonne entfernt, sonst wäre es viel zu heiß für uns Menschen. Wären wir noch weiter von der Sonne entfernt, wäre es wiederum viel zu kalt. Der Abstand ist also gut gewählt. Die Sonne ist der Antrieb für Wind und Wetter, für die Temperatur und für jegliches Leben auf unserer Erde.

Die Strahlung der Sonne kann das Vakuum des Weltraums ohne nennenswerte Verluste passieren. Dann aber treffen die Sonnenstrahlen auf die Erdatmosphäre und werden dort das erste Mal abgeschwächt. Der Teil, der auf dem Erdboden ankommt, kann technisch genutzt werden. Wie groß genau die eintreffende Energiemenge an bestimmten Orten zu bestimmten Zeiten ist, hängt von verschiedenen Faktoren ab: dem Einstrahlungswinkel, der Weglänge durch die Atmosphäre, dem aktuellen Wetter, der Luftverschmutzung und der Tageszeit. Misst man die eingestrahlte Energie an einem Ort über ein ganzes Jahr und verteilt sie gleichmäßig auf 365 Tage, so erhält man eine Kennzahl für die dortige Verfügbarkeit von Sonnenenergie.

Diese Zahl ist von Ort zu Ort recht verschieden, von zwei Kilowattstunden eintreffender Sonnenenergie pro Tag auf einen Quadratmeter in Nordschweden bis zu sechs Kilowattstunden in der Sahara.

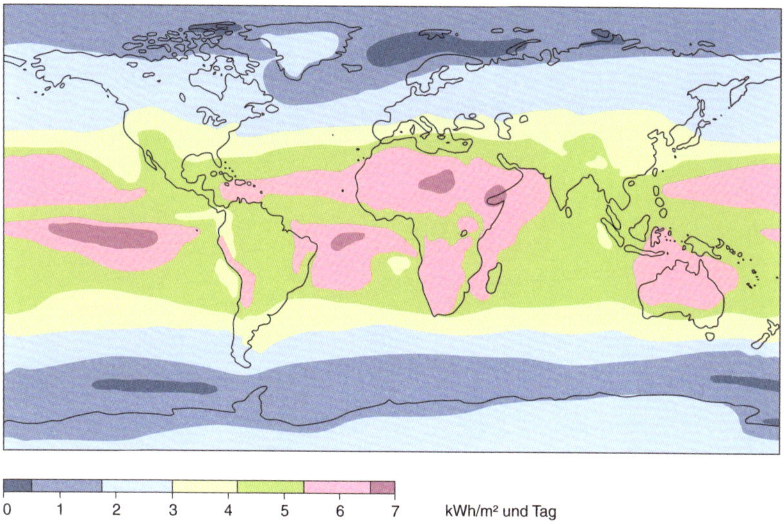

Die eingestrahlte Energie der Sonne ist je nach Standort verschieden. Bei uns in Deutschland kommt im Schnitt nur halb so viel Energie an wie in der Nähe des Äquators. (Daten nach Mlino76, https://commons.wikimedia.org, CC BY 2.5)

Das entspricht zwei Fahrradfahrern pro Quadratmeter in Nordschweden und sechs Fahrradfahrern pro Quadratmeter in der Sahara. Bei uns sind es drei Kilowattstunden pro Quadratmeter. Allerdings kommt die Energie an einem Ort über das Jahr verteilt nicht gleichmäßig an. In Deutschland zum Beispiel kommt in den drei Monaten Mai bis Juli rund sechsmal so viel Energie an wie in den drei Monaten November bis Januar. Deshalb ist es auch so kalt im Winter.

So, jetzt wissen wir, wie viel Energie in Form von Sonnenlicht auf der Erdoberfläche ankommt. Aber wie viel dieser frei verfügbaren Strahlungsenergie können wir effektiv für unsere Energiegewinnung nutzen? Alles? Oder nur einen kleinen Teil? Und mit welcher Technik?

Wie können wir die Sonnenkraft nutzen?

Sonnenstrahlung können wir technisch im Grunde auf zwei Arten nutzen. Die naheliegende und gleichzeitig älteste Methode ist, die Strahlung zur Wärmegewinnung für Wasser zu nutzen, die sogenannte Solarthermie. Die zweite Möglichkeit nutzt eine moderne Technologie, die Fotovoltaik, um Strom zu produzieren.

Nutzung von Sonnenenergie für Wärme (links) und Strom (rechts). Die Platten auf den Dächern sehen recht ähnlich aus, aber schauen Sie doch beim nächsten Mal genau, ob Sie nicht doch erraten können, ob es sich um Solarthermie oder Fotovoltaik handelt.

Solarthermie zur Wärme- und Stromgewinnung

Fällt Sonnenstrahlung auf ein Material, wird ein Teil der Energie absorbiert und in Wärme umgewandelt. Durch geschickte Auswahl von Materialien lässt sich dieser Effekt erhöhen. Wir kennen das alle von hellen und dunklen Flächen, die sich in der Sonne unterschiedlich stark aufheizen. Die aufgenommene Wärme kann dann mittels einer Flüssigkeit an ihren Bestimmungsort transportiert werden. Normalerweise nutzt man außerdem einen Tank als Zwischenspeicher für die gewonnene Wärme und kann dann bei Bedarf Räume oder Duschwasser heizen. Diese Technik hat einige Vorteile, vor allem den einfachen Aufbau und die Speichermöglichkeit, die die wechselnde Sonneneinstrahlung zumindest im Tagesverlauf ausgleichen kann.

Man kann Solarthermie aber auch in größerem Maßstab nutzen. Verlassen wir gedanklich das Wohnhaus und gehen in eine sonnenreichere Gegend wie die Sahara. Dort kann man die Sonnenstrahlen in riesigen solarthermischen Kraftwerken durch Spiegel so weit konzentrieren, dass Temperaturen bis über 1000 Grad Celsius entstehen. Diese sind tatsächlich notwendig, denn in solchen Anlagen wird aus der Wärme in einem Dampf-Kraft-Prozess Strom generiert. Je höher die Temperatur, desto mehr Strom kann man aus den Sonnenstrahlen gewinnen.

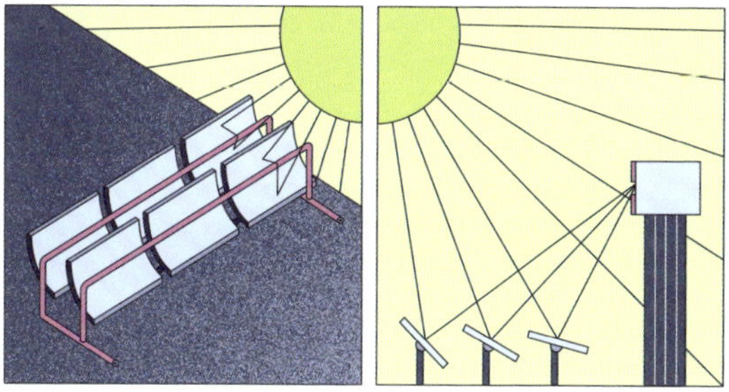

Solarthermische Kraftwerke konzentrieren das Sonnenlicht entweder über parabelförmige Spiegel auf ein Rohr, durch das eine Flüssigkeit gepumpt wird (links). Oder das Sonnenlicht wird durch flache Spiegel auf einen Turm umgelenkt und dort konzentriert (rechts).

Die dafür nötige Konzentration von Sonnenlicht ist technisch allerdings deutlich aufwendiger umzusetzen als die bloße Erwärmung im Wohnhaus und deswegen nicht für Hausdächer geeignet. Ein Vorteil dieser Technik ist, dass sich die verwendete Wärmeträger-Flüssigkeit speichern lässt und man so in der Lage ist, auch noch nach Sonnenuntergang Strom zu produzieren, die Stromerzeugung daher besser dem Bedarf folgen kann.

Fotovoltaik zur Stromgewinnung

Die andere Möglichkeit der Nutzung von Sonnenenergie ist die direkte Stromgewinnung. Das gelingt durch eine deutlich jüngere Technik – die Fotovoltaik. Erfunden wurde sie ursprünglich für die Raumfahrt, heute finden wir sie auf vielen Hausdächern. Bei der Fotovoltaik nutzt man den sogenannten fotoelektrischen Effekt, um aus ankommendem Licht direkt Strom zu machen. Daher liefert Fotovoltaik auch keinen Strom mehr, sobald die Sonne untergegangen ist.

Die direkte Umwandlung von Sonnenenergie in elektrische Energie – ohne mechanische Vorgänge und ohne hohe Temperaturen – bietet große Vorteile. Fotovoltaik-Platten können mehrere Jahrzehnte lang betrieben werden, und ihr einfacher Aufbau ermöglicht den Einsatz von der Powerbank für Handys mit Solarlader bis hin zu quadratkilometergroßen Freiflächenanlagen, die ganze Städte mit Energie versorgen können. Typische Fotovoltaik-Module können grob 20 Prozent der eintreffenden Sonnenenergie in Strom umwandeln. Auf Hausdächern kann man die Module sehr eng platzieren und die belegte Fläche so effizient nutzen. Freiflächenanlagen, zum Beispiel neben Autobahnen, benötigen großzügigere Abstände zwischen den Modulen für Zufahrtswege und um gegenseitige Verschattung im Tagesverlauf zu vermeiden. Solche Anlagen können daher bezogen auf die Grundstücksfläche nicht 20 Prozent der dort eintreffenden Sonnenenergie in Strom umwandeln, sondern nur bis zu zehn Prozent.

Wie alle technischen Geräte benötigen Fotovoltaik-Module Energie, um hergestellt zu werden. Dazu zählt auch der Energieaufwand für die Gewinnung von Rohstoffen, Transport etc. Diese sogenannte „graue Energie“ in Fotovoltaik-Modulen wird innerhalb von grob zwei bis drei Jahren (je nach Standort) wieder eingespielt. Danach machen die Anlagen aber 20 bis 30 Jahre lang energetisch Gewinn.

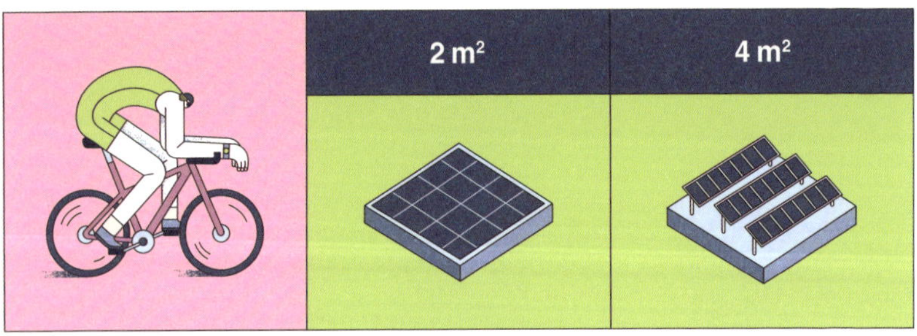

Wie effizient ist Fotovoltaik in unseren Breitengraden? Um im Jahresdurchschnitt genauso viel Energie zu produzieren wie einer unserer Fahrradfahrer, nämlich 1 kWh pro Tag oder 365 kWh im Jahr, benötigen wir grob 2 m^2 Fotovoltaik-Module (Mitte). Wenn wir viele solcher Module in einer Freilandanlage aufstellen, dann ist der Platzbedarf höher, weil Abstände benötigt werden (rechts).

Solarthermie oder Fotovoltaik?

Welche Technik ist also besser? Das kann man nicht pauschal beantworten, denn es hängt davon ab, wo man sich in der Welt befindet und ob man Wärme oder Strom benötigt oder die Möglichkeit, Energie für einige Stunden zu speichern. Und natürlich spielen auch die Kosten eine Rolle. Zur Stromerzeugung bietet sich Fotovoltaik an, und in südlicheren Breitengraden, wie zum Beispiel in Südeuropa und Afrika, zusätzlich solarthermische Kraftwerke. Solarthermische Anlagen haben sogar einen höheren Wirkungsgrad als die Fotovoltaik, können also mehr von der eintreffenden Sonnenenergie in Strom umwandeln. Aber in Ländern mit viel Platz spielt das keine Rolle, dort sind vor allem die Kosten entscheidend, und die sind für Fotovoltaik bisher noch deutlich niedriger.

Benötigen wir nur Wärme zum Heizen oder für unser Duschwasser, sind solarthermische Anlagen deutlich effizienter, sie können grob 50 bis 65 Prozent der eintreffenden Sonnenenergie in Wärme umwandeln. Allerdings fällt der meiste Ertrag in den Sommermonaten an, und da brauchen wir ihn häufig nicht. Es ist also eine Abwägung, die für jeden Einzelfall gemacht werden muss. Auf jeden Fall können wir einen ordentlichen Anteil der ankommenden Sonnenenergie für unsere Zwecke nutzen. Das ist die gute Nachricht.

Potenzial Sonnenenergie

Über die Möglichkeiten, Sonnenlicht in für uns nützliche Energieformen umzuwandeln, haben wir uns jetzt einen Überblick verschafft. Aber wie viel können diese Techniken letztlich zu unserer gesamten Energieversorgung beitragen? Oder können wir sogar unseren gesamten Energieverbrauch damit decken?

Schätzen wir das doch einmal gemeinsam für Deutschland ab. Bei uns kommen im Durchschnitt grob drei Kilowattstunden pro Tag und Quadratmeter (also drei Fahrradfahrer pro Quadratmeter) in Form von Sonnenlicht an, etwas weniger in Schleswig-Holstein und etwas mehr in Bayern. Allerdings ist die Sonneneinstrahlung alles andere als konstant. Sie schwankt sehr stark, abhängig von der Tageszeit, der Wetterlage, der Reinheit der Luft und nicht zuletzt der Jahreszeit wegen des Einstrahlungswinkels der Sonne und der Tageslänge.

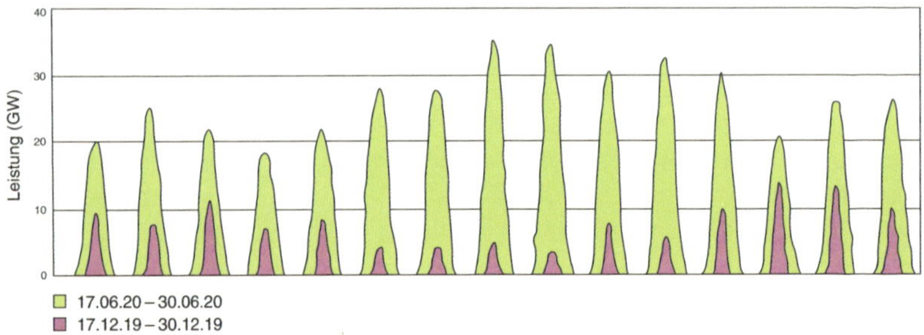

Unsere Stromproduktion aus Fotovoltaik in ganz Deutschland über jeweils einen 14-Tages-Zeitraum im Juni 2020 (gelb) und Dezember 2019 (pink). Jeder Berg zeigt einen Tag, dazwischen – nachts – fällt die Produktion auf null. Wir sehen hier, dass im Sommer viel mehr Energie produziert wird als im Winter, nicht nur, weil die Kurven am Mittag meist höher sind, sondern auch, weil sie breiter sind, die Sonne also im Sommer länger scheint.

Momentan erzeugen die in Deutschland installierten Fotovoltaik-Anlagen im Sommer zur Mittagszeit bei schönstem Wetter fast so viel Strom wie 40 Kernkraftwerke (also 40 Gigawatt). Aber weil die Sonne nun mal nicht rund um die Uhr scheint und irgendwo immer schlechtes Wetter ist, produzieren alle Anlagen im Jahresdurchschnitt nur so viel Strom wie sieben Kernkraftwerke. In unsere Einheit umgerechnet entspricht das 1,7 Kilowattstunden pro Tag und Person. Die Angabe der sogenannten „installierten Leistung“ ist also mit etwas Vorsicht zu genießen. Immerhin aber deckt Fotovoltaik in Deutschland im Schnitt zehn Prozent unseres Strombedarfs ab, aber nur 1,4 Prozent unseres Primärenergiebedarfs. Der Flächenbedarf aller Anlagen liegt bei circa 500 Quadratkilometern (das sind 0,14 Prozent der Fläche von Deutschland oder gut die Hälfte von Berlin).

Solarthermische Anlagen zur Wärmeproduktion gibt es in Deutschland weniger, und deshalb produzieren sie nur grob ein Fünftel so viel Energie wie Fotovoltaik, nämlich 0,3 Kilowattstunden pro Tag und Person in Form von Wärme. Große solarthermische Kraftwerke zur Stromproduktion gibt es in Deutschland nicht, das lohnt sich nur weiter südlich, etwa in Spanien oder Nordafrika. Bei uns gibt es Fotovoltaik zur Stromerzeugung und Solarthermie für Warmwasser und Heizung.

Wie viel Sonnenenergie wäre in Deutschland möglich?

Machen wir doch jetzt unsere erste Abschätzung zu unserer Überlegung, ob wir Deutschland nur mit erneuerbaren Energien versorgen könnten, und seien wir dabei großzügig: Wie wäre es, wenn wir gedanklich die Flächen für Sonnenenergie in Deutschland verzehnfachen würden?

Mit Fotovoltaik würden wir damit auf 5000 Quadratkilometer oder 1,4 Prozent der Fläche Deutschlands kommen. Denken Sie, das ist machbar? Das würde aus 1,7 Kilowattstunden pro Tag und Person 17 Kilowattstunden machen. Zusätzlich ist es nicht unrealistisch, dass die zukünftigen Fotovoltaik-Anlagen effizienter sein werden als der Bestand heute, immerhin sind viele alte Anlagen in Betrieb. Also sagen wir einmal, dass wir in ferner Zukunft pro Quadratmeter 50 Prozent mehr Energie herausholen können als die heute in Betrieb befindlichen Anlagen. Umgerechnet auf unsere zentrale Einheit kämen wir immerhin auf **25 Kilowattstunden pro Tag und Person**. **25 Fahrradfahrer für jeden**. Nicht schlecht, oder?

Mit Solarthermie würden wir aus 0,3 Kilowattstunden bei einer Verzehnfachung auf **3 Kilowattstunden pro Tag und Person** kommen, also **3 Fahrradfahrer** für jeden für Wärme.

Wissen Sie noch, wie hoch unser kompletter Energieverbrauch war, also nicht nur der Stromverbrauch? Genau: 120 Kilowattstunden Primär- und 85 Kilowattstunden Endenergie pro Tag und pro Person. Also decken Fotovoltaik und Solarthermie leider bei Weitem nicht unseren großen Energiehunger – schade. Aber zumindest würde der Fotovoltaik-Anteil rechnerisch deutlich mehr als unseren aktuellen Strombedarf in Deutschland decken. Leider jedoch würde die Fläche aller Dächer Deutschlands hierzu bei Weitem nicht ausreichen, davon haben wir nur grob 1500 Quadratkilometer, und die sind zum Teil mit Solarthermie bedeckt. Zusätzlich zur Fläche der Dächer bräuchten wir ein Prozent der Fläche von Deutschland (also 3500 Quadratkilometer) für Freiflächenanlagen. Das würde bedeuten, dass in jedem Quadratkilometer des Landes ein Quadrat mit einer Seitenlänge von 100 Metern mit Fotovoltaik belegt wäre. Ziemlich viel! Und trotzdem reicht es nur für einen Teil unseres Energiebedarfs, wir bekommen also langsam ein Gefühl dafür, wie groß unser Energiehunger wirklich ist.

Sonnenenergie allein ist also nicht geeignet, um uns zu 100 Prozent mit erneuerbarer Energie zu versorgen. Zum Glück gibt es aber noch viele andere erneuerbare Quellen, die wir uns in den nächsten Kapiteln anschauen wollen. Aber zuerst füllen wir einmal unsere Bilanz auf der nächsten Seite auf, die wir nach jedem Kapitel aktualisieren wollen. Wir können auf der rechten Seite gleich mit 28 Fahrradfahrern starten. Wir haben also einen ordentlichen Schritt nach oben gemacht, aber es gibt noch viel zu tun. Außerdem zeigen wir nach jedem Kapitel in einer Deutschlandkarte, wie viel Fläche wir für die jeweilige Energiequelle benötigen. Für Sonnenenergie sind es 5000 Quadratkilometer, allerdings nicht alles davon auf der grünen Wiese, viele schon versiegelte Flächen könnten für Fotovoltaik eingesetzt werden. Dennoch macht diese Zahl die Herausforderung deutlich.

Die linke graue Säule zeigt unseren Energiebedarf in Deutschland von 85 bzw. 120 kWh pro Person und Tag. Der kleinere Wert ist unser **End-energiebedarf**, der größere unser **Primär**energiebedarf. Die Säule rechts daneben zeigt im Vergleich die möglichen Beiträge durch erneuerbare Energien, die wir in diesem Buch nach und nach abschätzen werden.

In diesem Kapitel starten wir mit einem recht großen Beitrag aus Sonnenenergie in Höhe von 28 kWh pro Person und Tag. Dazu müsste man die in der Deutschlandkarte dargestellte Fläche mit Fotovoltaik-Anlagen belegen. Der Flächenbedarf für Sonnenenergie beträgt in diesem Szenario circa 5000 km², also ein Quadrat mit rund 70 km Kantenlänge.

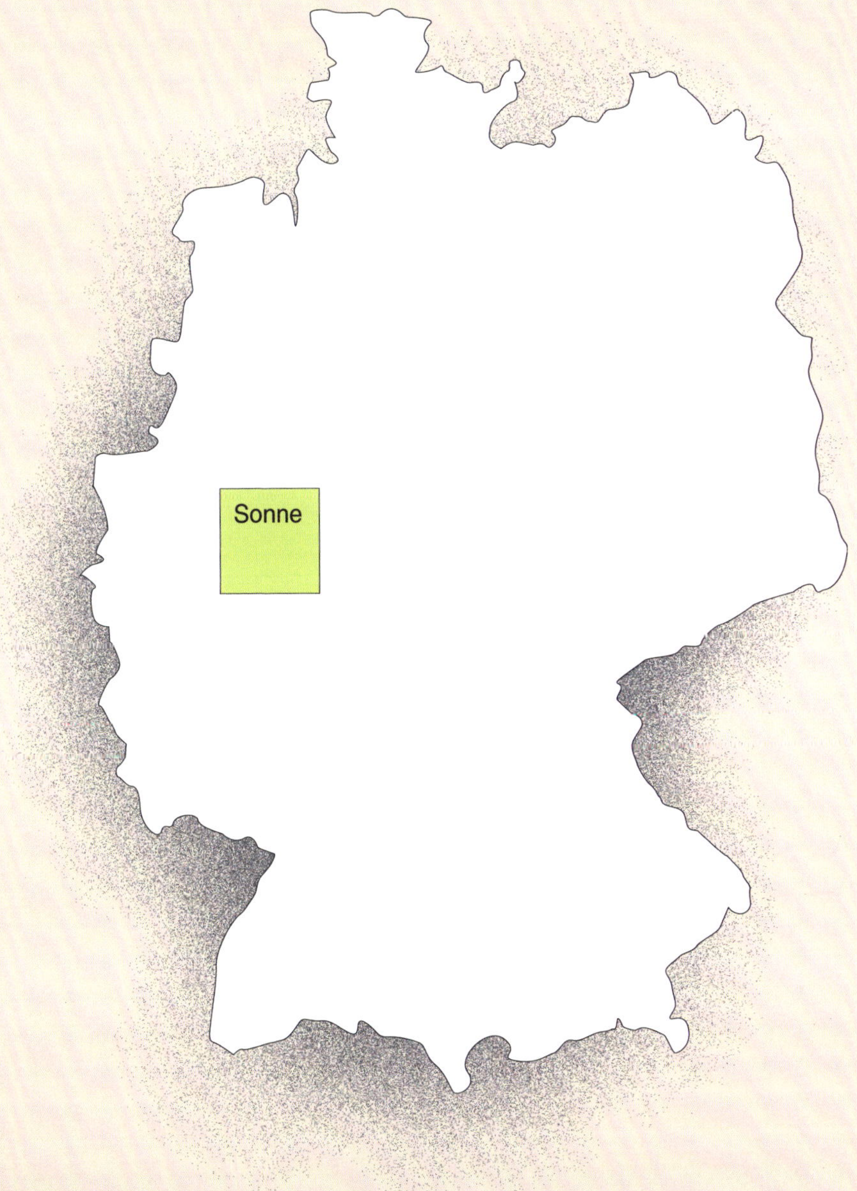

Energiequelle Sonne

• Die Sonne strahlt Energie ab, und auf einem Quadratmeter kommen in Deutschland im Durchschnitt drei Kilowattstunden pro Tag an Sonnenenergie an, zeitlich aber alles andere als gleichmäßig verteilt, im Sommer mehr als im Winter und nachts gar nichts.

Nutzungsmöglichkeiten

• Mit **Solarthermie**, zum Beispiel auf Hausdächern, können wir Warmwasser zur Verwendung im Haus und zur Heizungsunterstützung erzeugen. Von Nachteil ist hierbei allerdings, dass im Sommer am meisten Energie bei uns ankommt und im Winter deutlich weniger. Genau gegenläufig zum Bedarf also. Zudem kann man Wärme nur schlecht über weite Strecken transportieren und auch nicht über einen längeren Zeitraum speichern.

• Mit **Fotovoltaik** oder mit großen **solarthermischen Kraftwerken** (etwa in Südeuropa oder Afrika) kann man aus Sonnenlicht auch Strom gewinnen.

Aktueller Einsatz

• Weltweit ist Sonnenenergie neben der Windkraft die erneuerbare Energiequelle mit dem größten Potenzial. Die Kosten sind in den letzten Jahrzehnten so stark gesunken, dass die Stromerzeugung mit der von billigem Kohlestrom konkurrieren kann. Es ist davon auszugehen, dass die Kosten weiter sinken werden.

• In Deutschland haben wir so viele Fotovoltaik-Anlagen installiert, dass sie in der Spitze (mittags um 12 Uhr bei optimalem Wetter) so viel Leistung wie 40 Kernkraftwerke (40 Gigawatt) produzieren, im Jahresverlauf aber nur so viel Strom wie sieben Kernkraftwerke, da die Sonne nicht rund um die Uhr scheint.

Effizienz / Flächenbedarf

→ **Stromgewinnung durch Fotovoltaik oder in südlichen Ländern durch Solarthermie-Kraftwerke**
Ein Fünftel der eintreffenden Sonnenenergie kann in Strom umgewandelt werden. Energie in Form von Strom ist hochattraktiv, weil er leicht transportierbar und vielseitig einsetzbar ist. Um große Energiemengen zu produzieren, werden große Flächen benötigt.

→ **Wärmegewinnung durch Solarthermie**
Ein noch größerer Anteil des Sonnenlichts kann in Wärme umgewandelt werden. Diese wird aber vor allem im Sommer produziert und kann nur schlecht gespeichert oder transportiert werden.

Zeitlicher Einsatz / Speicherbedarf

↓ **Stromgewinnung durch Fotovoltaik**
Fotovoltaik selbst bietet keine Speichermöglichkeit. Die Leistung der Anlagen variiert direkt mit der Sonneneinstrahlung.

→ **Stromgewinnung durch solarthermische Kraftwerke**
Die Stromgewinnung ist im Tagesverlauf durch Hochtemperaturspeicher regelbar. Sie ist dann auch einige Stunden nach Sonnenuntergang möglich.

Ökologische Auswirkungen

↑ Vor allem auf schon versiegelten Flächen, etwa Dächern, sind die ökologischen Auswirkungen minimal. Auch in Kombination mit Landwirtschaft kann Sonnenenergie betrieben werden. Fotovoltaik-Module können generell gut recycelt werden.

Weltweites Potenzial

↑ Weltweit wird eine Energiewende nur mit Sonnenenergie möglich sein. Es gibt enorm viele Flächen zur Installation von Fotovoltaik, zum Beispiel Dächer oder Flächen in Kombination mit Landwirtschaft. Aber auch große Wüsten oder unbewohnte Gebiete kommen infrage. Möglicherweise werden dann aber lange Stromleitungen benötigt. Oder die Energie muss in gespeicherter Form (etwa als Wasserstoff) transportiert werden, was hohe Verluste mit sich bringt und viel Süßwasser verbraucht. Auch zum Betrieb der Kraftwerke wird zum Teil Wasser benötigt.

↑ gut → mittel ↓ schlecht

Biomasse

Biomasse ist ein Sammelbegriff für alle Lebewesen auf unserem Planeten, für Menschen, Tiere, Bakterien und vor allem für Pflanzen, die 80 Prozent davon ausmachen. Die Menschheit nutzt sie bis heute und sie ist aktuell immer noch die größte der erneuerbaren Energiequellen, vor allem für Wärme. Welche Rolle kann die Biomasse in Zukunft bei der Energiewende spielen? Und wie viel Energie steckt überhaupt in Biomasse? Woher kommt die Energie in den Pflanzen – aus der Erde vielleicht? Oder aus der Luft? Oder aus einem raffinierten biologischen Prozess?

Überblick Biomasse

Damit Pflanzen wachsen können, benötigen sie zwei Dinge: Baumaterial und Energie. Als Baumaterial dient vor allem Kohlenstoff. Pflanzen beziehen Kohlenstoff aus der Luft, nämlich aus dem CO_2. Und CO_2 ist das, was das Klima immer heißer werden lässt, Pflanzen sind also natürliche CO_2-Speicher. Beim Verbrennen von Holz und auch bei der Zersetzung auf dem Komposthaufen entsteht dann wieder CO_2, und zwar genau so viel, wie zuvor aus der Luft geholt wurde. Daher ist die Energiegewinnung aus Biomasse CO_2-neutral.

Biomasse ist nicht nur Nahrung für Mensch und Tier, sondern auch ein natürlicher CO_2-Speicher und Energiequelle. Und oft schön anzusehen.

Woher kommt die Energie in der Biomasse?

Auch Energie ist in der Pflanze gespeichert, aber diese kommt weder aus dem Boden noch aus der Luft, sondern woandersher: nämlich von der Sonne. Pflanzen sind im wahrsten Sinne des Wortes Speicher von Sonnenenergie, die – im Gegensatz zu Fotovoltaik und Windkraft – zu einem beliebigen Zeitpunkt verwertet werden kann, zum Beispiel nachts oder wenn der Wind nicht weht, um Schwankungen anderer erneuerbarer Energiequellen auszugleichen.

Wir können Biomasse also durchaus mit Fotovoltaik vergleichen, beide wandeln Sonnenlicht in für uns nutzbare Energie um. Was glauben Sie, wer kann das effizienter: ein Quadratmeter Fotovoltaik oder ein Quadratmeter Acker mit Biomasse? Technik oder Natur? Die Antwort geben wir im nächsten Abschnitt.

Auf der Erde haben wir einen natürlichen Kreislauf: Ein Blatt, das von Sonnenlicht beschienen wird, holt CO_2 aus der Luft, spaltet es in Sauerstoff und Kohlenstoff und baut Letzteren in die Pflanze ein. Zum Spalten von CO_2 benötigt es Sonnenenergie. Wenn Biomasse verbrannt wird oder verrottet, wird aus dem Kohlenstoff wieder CO_2, das heißt, es wird Energie frei. Pflanzen sind also Energiespeicher. Viele Pflanzen aus der fernen Vergangenheit haben aber nicht alle Energie wieder abgegeben, sondern wurden unter der Erdoberfläche eingeschlossen und dort zu Kohle, Gas oder Öl. Diese Energie steht uns heute zur Verfügung.

Biomasse ist die älteste Energiequelle der Menschheit. Anfänglich haben wir Menschen die Pflanzen nur als Nahrung genutzt. Auf der Suche nach neuen Energiequellen haben wir dann aber eine wichtige Entdeckung gemacht: Durch Verbrennen können wir die in der Pflanze gespeicherte Energie in Form von Wärme freisetzen und für unsere Zwecke nutzen. Wir haben das Feuer entdeckt, die Grundlage unserer Zivilisation! Und im Laufe der Jahrhunderte haben wir dann viele Möglichkeiten gefunden, diese Wärme je nach Bedarf in andere Energieformen umzuwandeln, zuerst in Bewegung mithilfe der Dampfmaschine oder des Motors und dann sogar in Strom in einem Kraftwerk.

Erdöl, Erdgas und Kohle sind Biomasse, die sich über Hunderte Millionen von Jahren in der Erde angesammelt hat. Das Verbrennen dagegen geht viel schneller, wir schaffen das innerhalb von ein paar Hundert Jahren.

Heute decken wir den größten Teil unseres gigantischen Energiebedarfs aus uralter Biomasse, nämlich aus Erdöl, Gas und Kohle, die in der Erde schlummert. Der darin enthaltene Kohlenstoff wurde über Jahrmillionen der Luft entzogen. Und da wir diesen Kohlenstoff bei der Verbrennung der fossilen Rohstoffe jetzt in wenigen Jahrhunderten freisetzen, verändern wir das Klima radikal und riskieren damit, unsere und die Lebensräume aller anderen Lebewesen nachhaltig zu verändern.

Da nachwachsende Biomasse wie etwa Holz CO_2-neutral ist, könnte sie als klimaneutrale Alternative zu fossilen Brennstoffen eingesetzt werden. In der Tat kommt noch heute weltweit der größte Teil der erneuerbaren Energien aus Biomasse. Jeden Tag kochen mehr als 2,7 Milliarden Menschen ihr Essen über brennendem Holz, und auch bei uns wird viel mit Holz geheizt, etwa in Form von Hackschnitzeln.

Es gibt aber auch viel Kritik an der energetischen Biomassenutzung, vor allem an den industriellen Monokulturen wie dem Maisanbau und dem Bedarf an landwirtschaftlicher Fläche, der in direkter Konkurrenz zur Nahrungsmittelproduktion steht. Um das Potenzial der Biomasse besser zu verstehen, sollten wir zunächst zwischen ihren Nutzungsarten unterscheiden.

Wie kann man Biomasse nutzen?

Wie viel Energie können wir aus Biomasse freisetzen? Das hängt zum einen von den verwendeten Pflanzen ab und zum anderen davon, was wir damit machen. Fangen wir mit den Pflanzen an.

Eine Energiequelle, die schon seit Jahrtausenden verwendet wird, sind Bäume. Holz kann man gut verbrennen und damit heizen und kochen. Wir „ernten“ beim Holz aber nicht jedes Jahr die im Baum gespeicherte Energie, so wie wir es bei Raps oder Mais tun, sondern wir warten viele Jahre, bis der Baum ausgewachsen ist, fällen ihn dann und ernten die Energie auf einen Schlag. Dennoch können wir uns überlegen, wie viel Energie ein Quadratmeter Wald pro Jahr im Schnitt liefert, und diese Zahl mit der auf diesem Quadratmeter eingetroffenen Sonnenenergie vergleichen. Mit diesem Wirkungsgrad kann man dann verschiedene Pflanzen untereinander, aber auch Biomasse mit Fotovoltaik vergleichen.

Wie groß ist nun der typische Wirkungsgrad bezogen auf die Anbaufläche, also wie viel Prozent der ankommenden Sonnenenergie stecken später in der Biomasse? Je nach Pflanze nur zwischen 0,2 und 0,5 Prozent, also ziemlich wenig. Können Sie sich noch erinnern, wie groß der Wirkungsgrad bei Fotovoltaik-Freiflächenanlagen ist? Dort werden circa zehn Prozent der Sonnenenergie in Strom umgewandelt, die Effizienz ist also 20 bis 50 Mal höher als bei Biomasse. Zudem müssen wir bei Pflanzen zusätzlich noch Energie zur Bewirtschaftung und zur Verarbeitung aufwenden, der Ertrag ist also eigentlich noch geringer. Übrigens, auch Zuckerrohr in Brasilien hat keinen höheren Wirkungsgrad, es gibt dort nur mehr Sonnenschein.

Pflanzen speichern also nur einen sehr kleinen Teil der auftreffenden Sonnenenergie. Wie können wir diese nun nutzen? Im Grunde haben wir drei Möglichkeiten: Biodiesel, Biogas oder direktes Verbrennen der ganzen Pflanze.

Die drei Nutzungsarten von Biomasse: Biotreibstoff, Biogas und die direkte Verbrennung.

Generell liefert die direkte Verbrennung (wenn die Pflanzen nicht zu feucht sind) am meisten Energie, aber man erhält nur Wärme. Erst in einem zweiten Schritt könnte man in einem Kraftwerk elektrischen Strom daraus machen, allerdings wie immer mit hohen Verlusten. Bei Biogas ist es ähnlich; man kann daraus grob ein Drittel Strom und zwei Drittel Wärme gewinnen. Biotreibstoff ist am wenigsten effizient, dafür kann man ihn aber direkt zum Antrieb konventioneller Verbrennungsmotoren in Fahrzeugen nutzen, ein großer Vorteil. Die Energieausbeute hängt also von der Art der Nutzung ab. Vergleichen wir das in einem Bild:

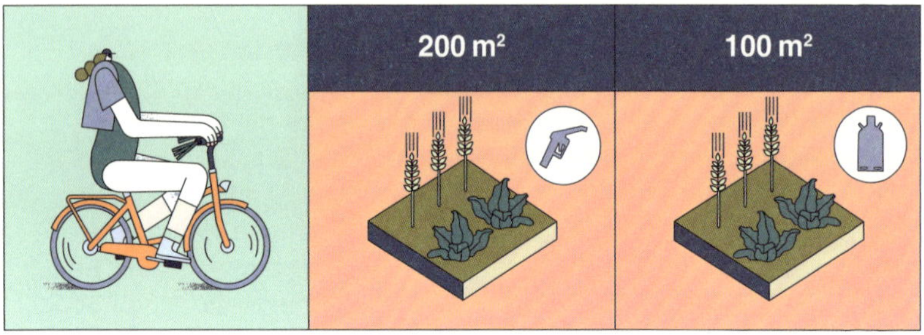

Welche Anbaufläche wird benötigt, um im Jahresdurchschnitt so viel Energie in Form von Biomasse zu produzieren wie unsere Fahrradfahrerin, also durchschnittlich 1 kWh pro Tag oder 365 kWh pro Jahr? Machen wir aus den Pflanzen Biodiesel, dann benötigen wir dafür grob 200 m² Anbaufläche (Mitte). Da ist Biogas schon effizienter, hier reichen 100 m² (rechts).

Können Sie sich noch erinnern, wie viel Boden für Fotovoltaik-Freiflächenanlagen nötig sind, um eine Kilowattstunde Energie pro Tag zu erzeugen? Es sind nur vier Quadratmeter, der Unterschied zu 100 oder 200 Quadratmetern ist also enorm. Ein Vorteil von Biogas und Biodiesel besteht aber darin, dass die Energie zu einem beliebigen Zeitpunkt genutzt werden kann, zum Beispiel wenn die Sonne nicht scheint.

Was sagt uns das nun alles? In der Verwertung der Sonnenenergie sind Pflanzen deutlich schlechter als Solaranlagen, und das gibt uns eine Vorahnung, wie groß die genutzten Flächen sein müssen, wenn Biomasse einen substanziellen Anteil an unserer Energieversorgung übernehmen soll. Schätzen wir das gemeinsam ab.

Potenzial Biomasse

Machen wir dabei wieder eine großzügige Abschätzung, um ein Gefühl dafür zu bekommen, wie viel Energie wir in Deutschland aus Biomasse erhalten könnten. Man könnte das auch sehr detailliert angehen, etwa unterschieden nach Pflanzen oder nach Nutzungsart der Biomasse. An den grundlegenden Aussagen wird sich trotzdem nur wenig ändern.

Für eine Abschätzung brauchen wir nur zwei Zahlen: Wie viel Energie produziert eine mit Biomasse bedeckte Fläche ungefähr, und wie viel Fläche haben wir in Deutschland zur Verfügung?

Über die erste Zahl haben wir im Grunde schon gesprochen. Egal, welche Pflanze wir nehmen, der niedrige Wirkungsgrad bedeutet, dass wir in unseren Breitengraden mindestens 100 Quadratmeter Anbaufläche benötigen, um im Durchschnitt eine Kilowattstunde Energie pro Tag oder 365 Kilowattstunden pro Jahr zu produzieren. Dabei müssten wir streng genommen noch etwas für den Energieeinsatz für Verarbeitung und Dünger abziehen. Rechnen wir aber einmal großzügig mit 100 Quadratmetern Anbaufläche für einen Energieertrag von einer Kilowattstunde pro Tag oder 365 Kilowattstunden pro Jahr.

Wie viel Fläche haben wir für den Anbau von Pflanzen zur Verfügung? Schauen wir uns einmal an, wie Deutschland mit insgesamt 357 000 Quadratkilometern aufgeteilt ist: Ungefähr die Hälfte der Fläche ist landwirtschaftlich genutzte Fläche, ein weiteres Drittel sind Wälder. Natürlich können wir nicht alles davon für die Energieerzeugung nutzen, wir müssen auch essen und benötigen Holz für andere Zwecke. Das heißt, unsere Annahmen sind vor allem ein Gedankenspiel, um das Potenzial von Biomasse abzuschätzen. Nehmen wir als Beispiel den Holzzuwachs (also nur das, was laufend dazukommt) von der Hälfte aller Waldflächen, um daraus Energie zu produzieren. Und nehmen wir 20 Prozent der landwirtschaftlichen Fläche zur Energieproduktion mit Energiepflanzen (in 2020 waren es übrigens real 15 Prozent für Energiepflanzen, wir sind hier also gar nicht weit entfernt). Aus diesen Flächen können wir gut 11 Kilowattstunden pro Person und Tag erwirtschaften, also 11 Fahrradfahrer pro Person. Und lassen Sie uns schließlich noch ein Viertel aller organischen Abfälle nutzen, etwa Gülle oder Grünabfälle. Das brächte noch einmal 1 Kilowattstunde. Insgesamt also **12 Kilowattstunden** oder **12 Fahrradfahrer** für unsere Bilanz.

Die Flächenaufteilung von Deutschland in landwirtschaftliche Fläche (50%), Waldfläche (30%), andere nicht versiegelte Fläche (11%) und bebaute Fläche (6%). Es gibt also viel Fläche für Pflanzen. Trotzdem ist Deutschland ein Nettoimporteur von Nahrungsmitteln, die Flächen reichen also nicht einmal aus, um Deutschland selbst mit Nahrungsmitteln zu versorgen.

Kein kleiner Beitrag, aber auch nicht riesig im Vergleich zu unserem Energieverbrauch. Und der Preis ist hoch: Wollen wir wirklich derart große Flächen bereitstellen, 50 Prozent aller Waldflächen und 20 Prozent aller Äcker? In anderen Ländern mit viel Platz mag sich eine andere Bilanz ergeben, aber in Deutschland sind die Flächen sehr begrenzt.

Was sagt uns diese Abschätzung?

Trotzdem sollten wir uns ansehen, wie Biomasse sinnvoll eingesetzt werden kann, um die Vorteile dieser Energiequelle zu nutzen, denn wie erwähnt ist sie zeitlich sehr flexibel einsetzbar und daher eine gute Ergänzung zu Sonne und Wind, auch wenn der Wirkungsgrad gering ist. Zwischenprodukte wie Biogas und Biotreibstoff lassen sich sehr gut lagern, transportieren und einfach in Nutzenergie umsetzen. Und aufgrund der Förderung in den vergangenen 20 Jahren entstanden in Deutschland sehr viele Biogasanlagen, die im Moment zehn Prozent der deutschen Stromproduktion übernehmen. Diese kurzfristig stillzulegen, wäre nicht sinnvoll.

Die entscheidende Frage ist daher, welche Art von Biomasse wir einsetzen sollen. Energiepflanzen in Monokulturen stehen in direkter Konkurrenz zur Nahrungsmittelproduktion, beeinträchtigen zudem die Artenvielfalt und zehren häufig den Boden aus. Holz aus einem naturnahen Mischwald kann dagegen nachhaltig energetisch genutzt werden, auch wenn der Ertrag etwas geringer ausfällt. Auch organische Abfälle sind als Energielieferant interessant, können aber nur zum Teil verwertet werden, denn der Boden benötigt Kohlenstoff zum Erhalt des Humus, und dieser Kohlenstoff wird zum Beispiel über Stroh im Kuhmist wieder in den Boden zurückgeführt. Würde die Energie im Kuhmist vollständig in einer Biogasanlage genutzt werden, entfiele die Rückführung von Kohlenstoff, und der Humus würde mit der Zeit aufgezehrt.

Es ist daher wenig sinnvoll, die Biomasse zur Deckung der Grundlast unserer Energieversorgung (also gleichmäßig rund um die Uhr) einzusetzen, zudem ist von der oben genannten Zahl von 12 Kilowattstunden pro Person und Tag der größere Teil Energie in Form von Wärme. Beim Ausgleich der Schwankungen von Wind und Sonne könnte der Biomasse in naher Zukunft aber noch eine wichtige Rolle zukommen. Allerdings wird sie auch dort auf lange Sicht voraussichtlich an Bedeutung verlieren, denn mit dem zunehmenden Ausbau der erneuerbaren Energien werden voraussichtlich große Energiespeicher diese Aufgabe übernehmen.

Lassen Sie uns dennoch die 12 Kilowattstunden pro Tag und Person in unsere Bilanz eintragen, sie haben uns ein gutes Stück nach oben gebracht. Allerdings ist der Preis recht hoch, wie die Deutschlandkarte zeigt. Ein ziemlich großes Stück der Fläche ist jetzt für Energieproduktion aus Biomasse reserviert.

Die linke graue Säule zeigt unseren Energiebedarf in Deutschland von 85 bzw. 120 kWh pro Person und Tag. Der kleinere Wert ist unser **End**-energiebedarf, der größere unser **Primär**energiebedarf. Die Säule rechts daneben zeigt im Vergleich die möglichen Beiträge durch erneuerbare

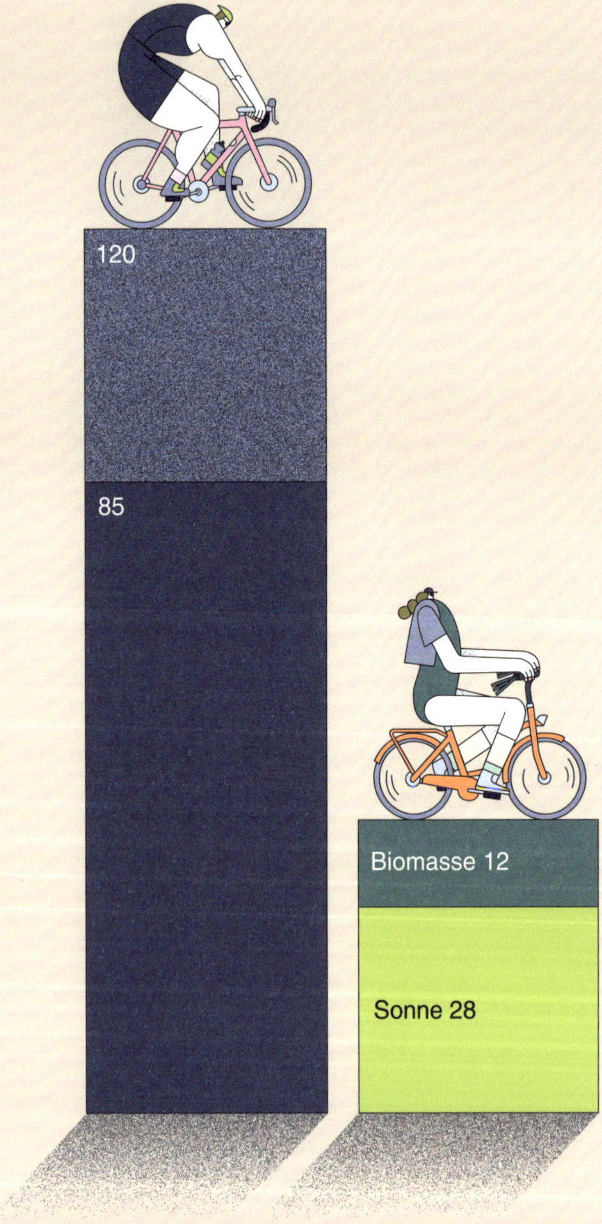

Energien. In diesem Kapitel kommt ein Beitrag aus der Biomasse in Höhe von 12 kWh pro Person und Tag hinzu. Dazu müsste man die in der Deutschlandkarte dargestellte Fläche komplett mit Energiepflanzen belegen. Der Flächenbedarf für diesen Beitrag ist immens.

Energiequelle Biomasse

- Biomasse ist organisches Material. Insbesondere sind damit Pflanzen gemeint, die gespeicherte Sonnenenergie in Form von gebundenem Kohlenstoff enthalten.

Nutzungsmöglichkeiten

- Energie kann auf drei Arten aus der Biomasse nutzbar gemacht werden:

  - Direkte Verbrennung
  - Umwandlung in Biogas (Holzvergasung oder durch Bakterien in Biogasanlagen)
  - Umwandlung in Biotreibstoffe (Biodiesel oder Bioethanol)

- Unabhängig von der Energiegewinnung bewirkt die Aufforstung von Flächen und die Erhöhung des Humusanteils im Boden eine direkte Speicherung von CO_2. Wird das Holz aus den Forstflächen später zum Beispiel zum Bau von Häusern verwendet, findet dadurch eine verlängerte Bindung von CO_2 statt.

Aktueller Einsatz

- Weltweit wird Holz zum Heizen verwendet (etwa in Holzöfen, Hackschnitzel- und Pelletheizungen); in ärmeren Regionen der Welt wird häufig noch mit Holz gekocht.

- Biomasse als Treibstoffanteil (in Super E5 und Super E10)

- Biogas zur Wärme- und Stromversorgung: Prinzipiell könnte die Stromerzeugung zum Teil die Schwankungen der Sonnenenergie und Windkraft ausgleichen. Das wird in Deutschland bisher aber kaum gemacht, die Stromerzeugung aus Biomasse läuft gleichmäßig rund um die Uhr.

Effizienz / Flächenbedarf

↓ Pflanzen nutzen die Sonnenenergie mit sehr geringer Effizienz, daher ergibt sich ein großer Flächenbedarf für einen substanziellen Beitrag zur Energieversorgung. Bei der Nutzung von Biomasse entsteht vor allem Wärme, die nur mit weiteren Verlusten in Strom verwandelt werden kann. Auch bei der Nutzung als Treibstoff ist der Flächenbedarf sehr hoch.

Zeitlicher Einsatz / Speicherbedarf

↑ Biomasse kann als Energiespeicher genutzt und somit zeitlich beliebig in Strom oder Wärme umgewandelt werden. Bei der Nutzung von Biotreibstoffen und Biogas ist eine weltweite Infrastruktur zur Verteilung und Nutzung bereits vorhanden. Allerdings wird diese bisher kaum genutzt.

Ökologische Auswirkungen

→ Die Verträglichkeit hängt stark von der eingesetzten Energiepflanze ab. Monokulturen auf Ackerflächen haben negative Auswirkungen auf Biodiversität und stehen in Konkurrenz zur Nahrungsmittelproduktion. Mischwälder und Bioabfälle können teilweise nachhaltig und ökologisch zur Energiegewinnung eingesetzt werden. Zudem ist eine Unterscheidung zwischen humusmehrenden und -zehrenden Pflanzen nötig, da im Humus viel Kohlenstoff gespeichert wird.

Weltweites Potenzial

→ In Ländern mit großen unbewohnten Flächen ist Biomasse als sinnvolle Ergänzung zu den Hauptquellen Sonne, Wind und Wasserkraft nutzbar. Die Bedeutung wird mit der Entwicklung von technischen Energiespeichern aber voraussichtlich abnehmen.

↑ gut → mittel ↓ schlecht

Wind

Wieso ist eigentlich Energie im Wind enthalten? Das liegt daran, dass der Wind bewegte Luft ist und jede bewegte Masse Bewegungsenergie (kinetische Energie) enthält. Entscheidend für die Energiemenge sind die Masse und die Geschwindigkeit des Windes. Bei der Masse könnte man vermuten, es wäre im Fall von Wind fast nichts, aber das täuscht: Luft „wiegt“ mehr, als man denkt, nämlich 1,25 Kilogramm pro Kubikmeter. Und was die Geschwindigkeit betrifft: Sie kann ziemlich hoch werden, am Meer sind 40 Stundenkilometer keine Seltenheit. Die Frage stellt sich nun, wie viel dieser Energie wir für uns nutzen können und mit welchen Methoden.

Überblick Wind

Um aus Wind Strom zu generieren, nutzen wir heutzutage meist die typischen dreiflügeligen Windräder, die man häufig sieht. Aber es gibt auch andere Techniken. Bei allen gilt, dass zwischen der Windgeschwindigkeit und der Energie, die der Wind in sich trägt, ein sehr wichtiger Zusammenhang existiert: Die Energie im Wind ist proportional zur Windgeschwindigkeit hoch drei. Das heißt, wenn die Windgeschwindigkeit verdoppelt wird, verachtfacht sich die Energie im Wind, dreifache Geschwindigkeit bedeutet sogar 27 Mal so viel Energie. Standorte mit hohen Windgeschwindigkeiten sind also ideal.

Die Ausbeute eines Windrades hängt zudem direkt von der Fläche ab, die von den Rotoren überstrichen wird. Große Windräder liefern also besonders viel Energie, denn ein doppelter Durchmesser bedeutet die vierfache überstrichene Fläche. Ein einziges Windrad mit 200 Metern Rotordurchmesser liefert also ähnlich viel Energie wie 25 Windräder mit 40 Metern Rotordurchmesser. Und da der Wind zudem weit oben viel stärker bläst als am Boden, sind hohe Anlagen ertragreicher als niedrige.

Daher sind heutige Windräder deutlich höher und haben viel größere Durchmesser als früher. Typisch sind bislang Rotorkreis-Durchmesser von 120 bis 140 Metern. Es gibt aber schon Windräder mit einer Spannweite von 160 Metern, und in ein paar Jahren werden wir sicher die 200-Meter-Marke erreichen.

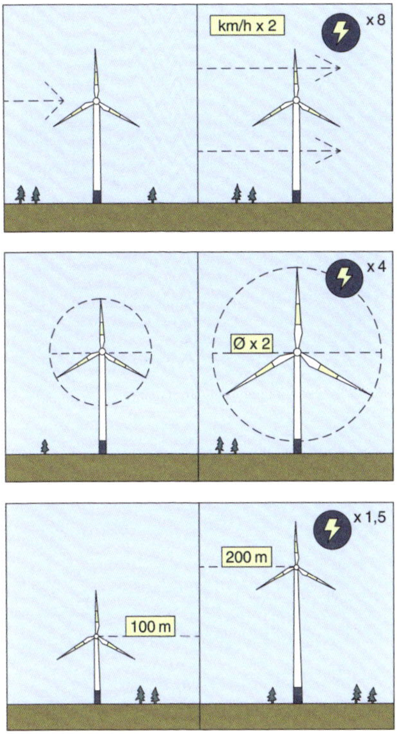

Die Einflussfaktoren auf die Energieausbeute eines Windrades: Eine Verdoppelung der Windgeschwindigkeit bringt 8-fache Ausbeute (oben), eine Verdoppelung des Durchmessers liefert 4 Mal so viel Energie (Mitte) und eine doppelte Turmhöhe bringt bis zu 1,5 Mal mehr Ertrag (unten).

Allerdings sind die Erträge in Deutschland regional ziemlich unterschiedlich, wie die Grafik mit den typischen Windgeschwindigkeiten zeigt. Ein Windrad kann auf dem Meer zwei- bis dreimal so viel Energie produzieren wie in Bayern, kostet dort aber auch deutlich mehr. Auch über das Jahr betrachtet sind die Erträge aus der Windkraft in Deutschland nicht gleichmäßig verteilt. Vor allem im Winter bläst der Wind viel stärker. In den Sommermonaten Mai bis August sind die Erträge etwa halb so groß wie in den Wintermonaten Dezember bis März. Und wie bei der Sonnenenergie auch, variieren sie zudem stark über kurze Zeitskalen. Es gibt Stunden und Tage mit viel Wind und solche mit sehr wenig. Diese Fluktuationen müssen wir also über Speicher oder andere Methoden ausgleichen. Ein Thema, über das wir noch separat sprechen werden.

Die durchschnittlichen Windgeschwindigkeiten (in Metern pro Sekunde) in Deutschland variieren je nach Region deutlich. An der Küste bläst der Wind typischerweise stärker als an Land. Aber auch in den hellblauen Gebieten kann man gute Standorte für Windräder finden. (Eigene Darstellung nach Allnoch, Wind messen und auswerten, Praxis Geographie, H. 7–8, 1993)

Wie kann man Windenergie nutzen?

Es gibt unterschiedliche Arten von Windrädern. Schon ganz früh gab es Windmühlen, die ähnlich aussahen wie unsere modernen Windräder, nur viel kleiner. Daneben gibt es Anlagen mit vertikaler Achse. Es gibt auch Entwicklungen, die mit Flugdrachen experimentieren, die im Himmel eine Kreisbahn oder achtförmige Flugbahn abfliegen. Was unterscheidet diese Techniken voneinander, und gibt es eine beste Technik?

Die Größenunterschiede sind gewaltig. Moderne Windkraftanlagen sind bis zu 250 m hoch. Dagegen sehen klassische Windmühlen winzig aus, und der Mensch links ist nur noch als schwarzer Fleck erkennbar.

Wir sehen heute vor allem dreiflügelige Anlagen, die man ebenso wie die alten Windmühlen aktiv in Windrichtung ausrichtet. Bei Windrädern mit vertikaler Achse ist es hingegen egal, aus welcher Richtung der Wind bläst. Aber warum sieht man dann bei uns fast ausschließlich Windräder mit drei Flügeln? Das liegt am unterschiedlichen Vermögen, Energie aus dem Wind zu ziehen. Dreiflügelige Anlagen sind deutlich effizienter als Anlagen mit vertikaler Achse. Außerdem ist es schwierig, richtig große Windräder mit vertikaler Achse zu bauen.

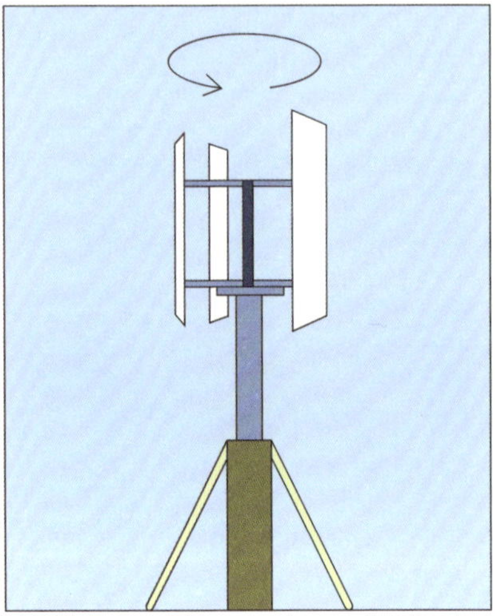

Es gibt auch Windräder mit senkrechter Achse, die nicht in Windrichtung ausgerichtet werden müssen.

Wie effizient sind Windräder?

Was meinen Sie: Welchen Anteil der im Wind enthaltenen Energie können solche Anlagen in Strom umwandeln? Erinnern Sie sich an die Sonnenenergie? Hier konnte ein Fotovoltaik-Modul grob 20 Prozent der ankommenden Sonnenenergie nutzen. Bei Windenergie gibt es ein theoretisches Maximum für den Wirkungsgrad, das sogenannte Betz-Limit. Das besagt, dass wir maximal 59 Prozent der Energie aus dem Wind in Strom umwandeln können. Und warum nicht 100 Prozent? Weil sich dann die Luft hinter dem Windrad gar nicht mehr bewegen würde und keine Luft von vorne nachströmen könnte.

Moderne Windräder kommen schon recht nah ans Betz-Limit heran. Sie können bis zu 50 Prozent der im Wind enthaltenen Energie, die durch die von den Flügeln überstrichenen Flächen strömt, in Strom umwandeln. Das ist beeindruckend! Interessant ist auch, dass das mit nur drei Flügeln möglich ist. Ziemlich wenig Fläche, die man da in den Wind hält. Mehr Flügel machen die Anlage aber nicht viel effizienter.

Potenzial Windenergie

Wie viel Energie könnten wir nun mit Windkraft in ganz Deutschland generieren? Das hängt ganz davon ab, wie viele Windräder (oder ähnliche Technologien) wir an Land (onshore) oder auf dem Meer (offshore) akzeptieren wollen. Im Augenblick gibt es bei uns an Land circa 30 000 Windräder unterschiedlicher Größe, typischerweise mit 120 Metern Durchmesser und kleiner. Was denken Sie, reicht es, wenn wir alle 30 000 durch große 160-Meter-Windräder ersetzen und noch mal

10 000 Windräder hinzufügen? Rechnen wir doch einmal mit dieser Zahl. Zusätzlich wollen wir gedanklich noch 20 000 Windräder in Nord- und Ostsee installieren, wo zurzeit 1500 Anlagen stehen.

Ein einzelnes Windrad mit 160 Metern Durchmesser produziert an Land im Schnitt 40 000 Kilowattstunden pro Tag, eines auf dem Meer 80 000 Kilowattstunden, also so viel wie 40 000 oder 80 000 Fahrradfahrer. Das ist beachtlich! Damit können wir die Energie, die zur Produktion des Windrades benötigt wurde, in grob einem halben Jahr wieder einfahren und für die nächsten 20 bis 30 Jahre energetisch Gewinn machen.

Windparkfläche

In großen Windparks dürfen die einzelnen Windräder nicht zu nah zusammenstehen, um sich nicht gegenseitig den Wind wegzunehmen. Der Abstand sollte mindestens fünfmal so groß sein wie der Durchmesser der Windräder. Wir können also für große Windparks mit vielen Windrädern die Gesamtfläche angeben, die der Windpark einnimmt (für einzelne Windräder macht so eine Flächenbetrachtung natürlich keinen Sinn). An Land produzieren rechnerisch 16 Quadratmeter eines solchen Windparks genauso viel Energie wie einer unserer Fahrradfahrer, also eine Kilowattstunde pro Tag. Auf dem Meer sind es wegen der höheren und konstanteren Windgeschwindigkeiten sogar nur acht Quadratmeter Windparkfläche. Vielleicht erinnern Sie sich: Für Fotovoltaik-Strom benötigen wir zwei Quadratmeter Modulfläche für eine Kilowattstunde pro Tag, die in Fotovoltaik-Freilandanlagen etwa vier Quadratmeter Landfläche in Anspruch nehmen. Also weniger als bei Wind, aber mit einem großen Unterschied: Bei Windparks ist der größte Teil der Fläche zwischen den Windrädern frei und zum Beispiel für Landwirtschaft nutzbar.

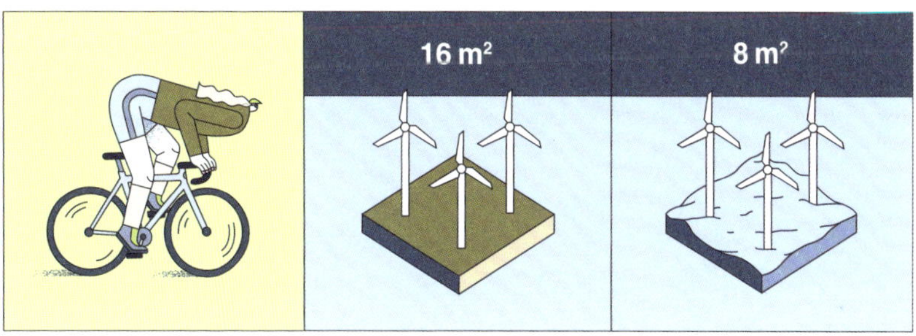

Eine Fahrradfahrerin produziert so viel Energie wie rechnerisch 8 m² Bodenfläche eines Offshore-Windparks (rechts) oder 16 m² eines Onshore-Windparks (Mitte).

Ergebnis für unsere Bilanz

Für alle von uns veranschlagten 40 000 Windräder an Land und 20 000 Windräder auf dem Meer ergibt das **40 Kilowattstunden pro Person und Tag oder 40 Fahrradfahrer für jeden**. Nicht schlecht, mit Abstand der größte Beitrag bisher und ein großer Brocken unseres gesamten Energieverbrauchs!

Aber wir dürfen nicht vergessen, in unserer Annahme steckt eine gewaltige Zahl von Windrädern. Denn an Land können wir die bestehenden Windräder nicht einfach überall durch solche mit 160 Metern Rotordurchmesser ersetzen, dann würden die Windräder oft nicht genug Abstand zueinander haben, der wie erwähnt mindestens das Fünffache der Rotordurchmesser betragen sollte. In unserer Deutschlandkarte auf der nächsten Seite haben wir daher eingezeichnet, wie groß die Fläche dieser Windparks zusammen wäre, wenn wir alle Windräder an Land und auf dem Meer mit diesem Mindestabstand zueinander aufstellen würden.

Allerdings stören sich viele Menschen an Windrädern in ihrer Umgebung. Sei es wegen angeblichem Infraschall, Disko-Effekt, Vogelschlag oder nur, weil sie sie einfach nicht schön finden. Dabei ist Windkraft ein essenzieller Teil einer CO_2-freien Energieversorgung. Und die meisten Vögel sterben an Autobahnen und Hochhäusern, und deutlich mehr Infraschall entsteht durch Straßen und Meereswellen. Dennoch muss natürlich lokal entschieden werden, wo Hauptlinien der Vogelmigration liegen oder wo andere ernsthafte Gründe dagegensprechen. Aber dadurch allein werden wir den Konflikt zwischen lokalem Naturschutz und globalem Klimaschutz nicht ganz aufheben können, und oft genug werden wir uns entscheiden müssen, was wichtiger ist. Denn eines ist klar: Ohne Windkraft wird es in Deutschland keine Energiewende geben.

Das zeigt auch unsere Bilanz auf der übernächsten Seite, wir sind jetzt wirklich ein großes Stück weitergekommen: 40 Fahrradfahrer für jeden von uns!

Die linke graue Säule zeigt unseren Energiebedarf in Deutschland von 85 bzw. 120 kWh pro Person und Tag. Der kleinere Wert ist unser **End-**energiebedarf, der größere unser **Primär**energiebedarf. Die Säule rechts daneben zeigt im Vergleich die möglichen Beiträge durch erneuerbare Energien. In diesem Kapitel kommt ein wirklich ordentlicher Beitrag aus

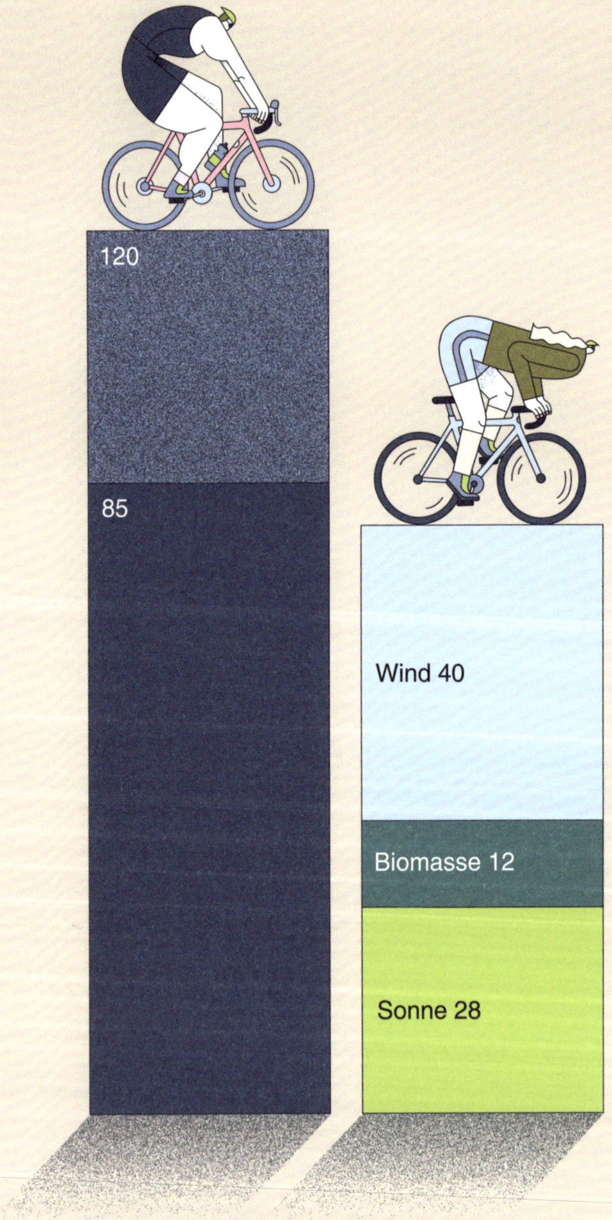

der Windkraft in Höhe von 40 kWh pro Person und Tag hinzu, jeweils zur Hälfte aus Offshore- und Onshore-Anlagen. Dazu müsste man die in der Deutschlandkarte gezeigten Flächen mit Windparks belegen. Der Flächenbedarf ist in diesem Szenario hoch, aber der Großteil davon zwischen den Windrädern ist nicht versiegelt und kann zum Beispiel für Landwirtschaft genutzt werden.

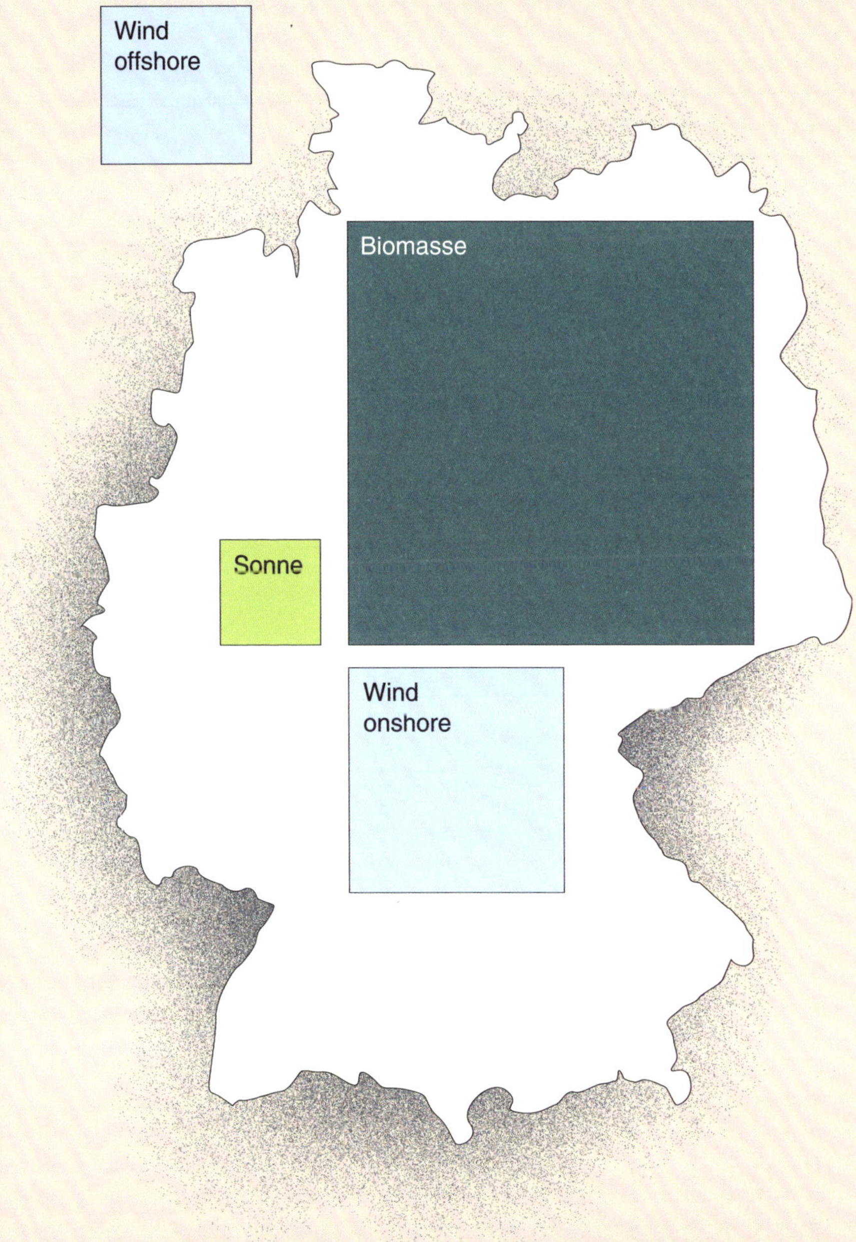

Energiequelle Wind

- Wind ist bewegte Luft. Er entsteht durch von der Sonne hervorgerufene weltweite Temperatur- und Druckdifferenzen. Wenn man diese bewegte Luft abbremst, kann man Energie gewinnen.

Nutzungsmöglichkeiten

- Historisch wurden Windmühlen gebaut, um die gewonnene Energie mechanisch zu nutzen. Auch zum Pumpen von Grundwasser wurden kleine Windräder benutzt. Heute wird aus Wind Strom erzeugt und ins elektrische Netz eingespeist. Neben den klassischen Windrädern mit drei Flügeln gibt es auch abweichende Formen mit zwei oder vier Flügeln und auch mit vertikalen Achsen. Dreiflügler haben sich als die beste Technik erwiesen. Fliegende Windkraftanlagen sind denkbar, stehen aber noch am Anfang der Entwicklung.

Aktueller Einsatz

- Weltweit sind Windkraftanlagen weit verbreitet und erbringen in Deutschland von allen erneuerbaren Energien mit Abstand den größten Beitrag zur Stromerzeugung. Bei Windkraft an Land spricht man von „onshore“, bei Windkraftanlagen im Meer spricht man von „offshore“. Offshore-Anlagen gibt es vergleichsweise wenige.

Effizienz / Flächenbedarf

(↑) Der Wirkungsgrad von Windkraftanlagen lässt sich nicht mehr groß steigern. Den größten Einfluss auf den Ertrag hat die Windgeschwindigkeit vor Ort. Zudem liefern Windkraftanlagen mit größeren Rotordurchmessern automatisch deutlich mehr Ertrag als Windkraftanlagen mit kleineren. Höhere Windkraftanlagen sind von Vorteil, weil in größeren Höhen die Windgeschwindigkeit höher ist. Windkraftanlagen benötigen ein Fundament und Zufahrtswege, haben aber ansonsten geringen Flächenbedarf. An Standorten mit vielen Anlagen müssen die Windräder mit Abstand gebaut werden.

Zeitlicher Einsatz / Speicherbedarff

(↓) In der Windkraft ist keine Speichermöglichkeit vorhanden, sie kann lediglich zur Netzstabilisierung im Sekundenbereich beitragen. Windkraftanlagen liefern im Winter deutlich mehr Ertrag als im Sommer.

Ökologische Auswirkungen

(↑) Als mögliche negative Auswirkungen werden von Gegnern der Infraschall und der Vogel- oder Insektenschlag genannt. Schäden durch Infraschall sind aber kaum belegbar. Und die Verluste von Vögeln sind verglichen mit dem sonstigen Vogelschlag etwa durch Gebäude und Verkehr recht klein. Außerdem werden wesentlich mehr Insekten von Vögeln gefressen als durch Windräder zu Schaden kommen. Die tatsächlich versiegelten Flächen sind bei der Windkraft vergleichsweise klein.

Weltweites Potenzial

(↑) Windkraft kann weltweit eingesetzt werden, sowohl auf dem Land als auch auf dem Meer in Küstennähe. Überregional ergänzen sich Wind und Sonne zudem häufig. In der Windkraft steckt (neben der Fotovoltaik) sowohl an Land als auch auf dem Meer das mit Abstand größte Potenzial von allen erneuerbaren Energien. Eine Energiewende ist ohne Windkraft und ohne Fotovoltaik nicht möglich.

(↑) gut (→) mittel (↓) schlecht

Wasserkraft

Überall auf unserem Planeten gibt es Flüsse und Bäche, Seen und Meere. Ganze 70 Prozent der Erde sind von Wasser bedeckt. Wasser dient nicht nur als Durstlöscher, Waschmittel oder zur Bewässerung. Es dient den Menschen auch schon lange als Antrieb von Maschinen, etwa von Mühlrädern oder Förderrädern. Das macht Wasserkraft zu einer der ältesten Energiequellen der Menschheit. Über Jahrhunderte hat man diese Art der Energiegewinnung perfektioniert und baut nun Wasserkraftwerke, die ganze Länder mit Strom versorgen können. Doch wie groß ist der Anteil der Wasserkraft an unserer Energieversorgung heute, und wie groß könnte er in Zukunft noch werden?

Überblick Wasserkraft

Das Wasser dieser Welt gehört zu einem gigantischen Kreislauf, der ständig in Bewegung ist. In Bewegung gehalten wird er durch die Sonne. Ihre Strahlung lässt Wasser verdunsten, das dann als Wasserdampf in die Atmosphäre aufsteigt. In größeren Höhen ist es kalt, und der Dampf kondensiert zu kleinen Tröpfchen, die sich zu Wolken zusammenfinden. Erreichen die Tropfen eine bestimmte Größe, fallen sie in Form von Regen herunter. Ein Teil des Regens fällt ins Meer, der andere Teil auf das Land, das höher als der Meeresspiegel liegt. Dort sammelt er sich in kleinen Rinnsalen, diese fließen nach und nach zusammen, werden zu Bächen, diese dann zu Flüssen, die schließlich ins Meer münden.

Das Wasser auf der Erde befindet sich in einem stetigen Kreislauf.

Das Wasser kann nur fließen, weil es an Land Höhenunterschiede gibt. Der Regen, der in höheren Lagen landet, fließt so nach unten bis zum Meer. Falls es unterwegs irgendwo eine Barriere gibt, staut sich das Wasser, und ein See entsteht. Dieser füllt sich so lange, bis das Wasser hoch genug steht und über die Barriere hinwegläuft. Der Bodensee ist ein Beispiel dafür.

Wir wissen: Wenn sich etwas bewegt, dann besitzt es Energie, die wir für uns nutzen können. Bei einem Bach oder Fluss geschieht das zum Beispiel mithilfe einer Mühle, die die Energie in mechanische Arbeit umwandelt, oder einer Turbine, die sie in Strom umwandelt. Die Menge der verfügbaren Energie, die im herabfließenden Wasser steckt, hängt dabei von zwei Faktoren ab: erstens davon, wie viel Wasser fließt, und zweitens davon, wie groß der Höhenunterschied ist, den das Kraftwerk überbrückt.

Wie kann man Wasserkraft nutzen?

Wie wird ein Wasserkraftwerk technisch realisiert? Seit dem 19. Jahrhundert tritt eine geschlossene Turbine an die Stelle des offen drehenden Wasserrads. Zudem nutzt man nicht mehr wie früher direkt die mechanische Drehung zum Antrieb eines Mühlsteins, sondern einen Generator, um elektrische Energie zu produzieren. Der Wirkungsgrad einer modernen Turbine liegt heute bei bis zu 90 Prozent, das heißt, fast die gesamte Energie des Wassers kann in Strom umgewandelt werden. Das ist ein beeindruckend hoher Wert, ein Wirkungsgrad, von dem Fotovoltaik und Windkraft nur träumen können.

Im Grunde gibt es drei Typen von Wasserkraftanlagen: Laufwasserkraftwerke, Speicherkraftwerke und Pumpspeicherkraftwerke. Wasserkraftwerke unterscheiden sich vor allem durch die Fallhöhe des Wassers und durch die Wassermenge, die durch die Turbinen läuft.

Laufwasserkraftwerke gibt es in Flüssen wie zum Beispiel der Mosel, dem Main, der Donau und dem Rhein. Dabei wird mithilfe eines Wehres der Fluss aufgestaut und so eine Fallhöhe von bis zu 15 Metern geschaffen. Zwischen dem Ober- und dem Unterwasser wird eine Turbine in das Wehr eingesetzt, durch die das Wasser fließt. Bei diesem Typ sind große Wassermengen, aber eher kleine Höhenunterschiede gegeben.

Früher gab es offene Wasserräder, heute fließt das Wasser durch geschlossene, zum Teil riesige Turbinen, die die Energie in Strom umwandeln.

Speicherkraftwerke sind an Stauseen und Talsperren zu finden. Flüsse werden dabei durch hohe Mauern künstlich zu Seen aufgestaut. Über Röhren strömt das Wasser mehrere Hundert Meter in die Tiefe und dort durch eine Turbine. Bei diesem Typ wird ein großer Höhenunterschied ausgenutzt, und es genügt eine vergleichsweise kleine Wassermenge. Durch den Stausee ist es zudem möglich, die Energieerzeugung zeitlich variabel abzurufen. Schließt man den Einlass zur Turbine, fließt kein Wasser mehr ab, das Wasser hinter der Staumauer staut sich durch Zuflüsse weiter auf. Wenn man wieder Energie braucht, öffnet man die Turbine, und der Wasserspiegel im Stausee sinkt.

Der dritte Typ sind die Pumpspeicherkraftwerke. Bei diesen gibt es neben dem oberen See einen zweiten unteren See. Ist überschüssiger Strom vorhanden, pumpt man Wasser vom unteren See unter Nutzung des überschüssigen Stromes nach oben. Benötigt man Strom, lässt man das Wasser wieder nach unten fließen. Der Verlust hält sich dabei aufgrund der hohen Effizienz von Pumpen und Turbinen in Grenzen.

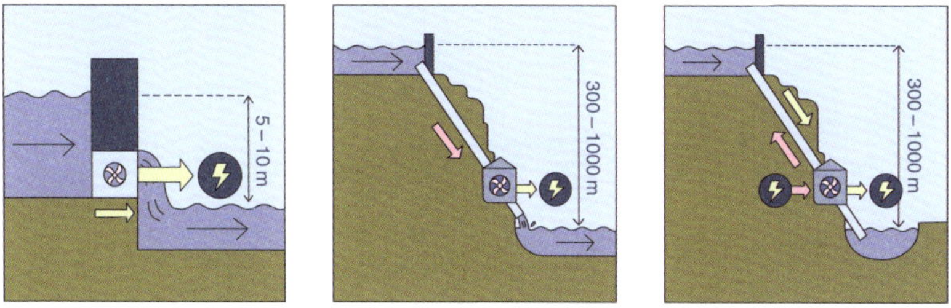

Laufwasser-, Speicher- und Pumpspeicherkraftwerke (v. l. n. r.).

Potenzialabschätzung Wasserkraft

Rund 7300 Wasserkraftanlagen gibt es zurzeit in Deutschland. Insgesamt leisten diese ungefähr so viel wie fünf Kohlekraftwerke. An der gesamtdeutschen Stromproduktion hat die Wasserkraft einen Anteil von rund vier Prozent, also ziemlich wenig, wenn man an die historische Bedeutung denkt. Umgerechnet sind das nur 0,7 Kilowattstunden pro Person und Tag, also nicht einmal ein Fahrradfahrer pro Person. Da stellt sich natürlich die Frage, ob vielleicht einfach nicht mehr Potenzial in Deutschland vorhanden ist oder man den konsequenten Ausbau von Wasserkraft vernachlässigt hat.

Nach heutigem Ausbaustand sind die technischen Potenziale zur Erzeugung von Wasserkraftstrom in Deutschland bereits zu etwa 75 Prozent ausgeschöpft, es bleibt bei Wasserkraft also wenig Luft nach oben. Mehr als eine Kilowattstunde pro Person und Tag wird die Wasserkraft im Schnitt in Deutschland nicht beitragen können, also liegt die Obergrenze für Wasserkraft in Deutschland bei einem Fahrradfahrer pro Person. Schade eigentlich.

Warum ist der Beitrag hierzulande so klein? Man kann das recht einfach erklären: Wir wissen, wie viel Regen es pro Jahr in Deutschland gibt und wo dieser fällt, also auf welcher Höhe über dem Meeresspiegel. Somit können wir die potenzielle Energie (Lageenergie) des gesamten Regens in Deutschland im Vergleich zur Meereshöhe abschätzen – und das ist die absolute Obergrenze für die Energie, die wir aus dem Wasser auf seinem Weg nach unten holen könnten. Schauen wir uns das genauer an.

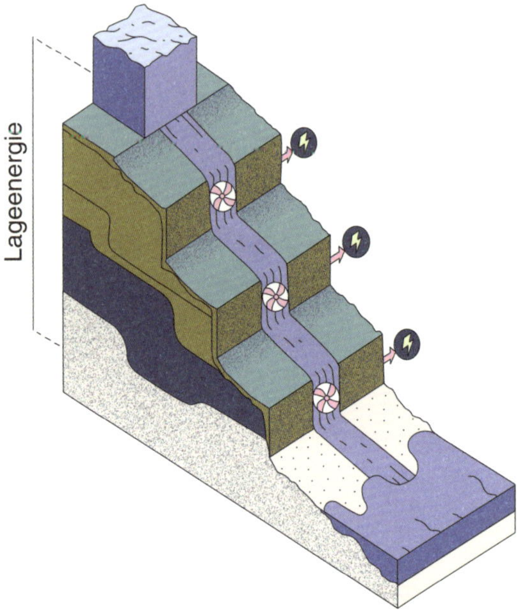

Abschätzung der maximalen Energie aus Wasserkraft mithilfe der Lageenergie (als Formel: m·g·h).

Wenn zum Beispiel an einer Stelle im Jahr 1000 Millimeter Regen fallen und man das Wasser auf einem Quadratmeter sammeln würde, hätte man nach einem Jahr einen „Wasserklotz" von einem Kubikmeter. Die maximal nutzbare Energie für dieses Jahr ist nun die potenzielle Energie dieses Wasserklotzes im Vergleich zur Meereshöhe. Diese Obergrenze liegt in Deutschland bei vier Kilowattstunden pro Person und Tag, aber natürlich kann man sie nie erreichen, denn zwischen den einzelnen Staustufen gibt es jeweils ungenutztes Gefälle. Außerdem sammelt sich das Wasser erst nach einigem Gefälle in großen Flüssen, wo sich Staustufen überhaupt erst rentieren. Bis dahin hat das Wasser schon viele Höhenmeter hinter sich, die nicht genutzt wurden. Durch Wasserkraft erzeugbar ist in Deutschland daher maximal **1 Kilowattstunde pro Tag und Person,** also nur **1 Fahrradfahrer.**

Zubau findet heutzutage meist nur noch in Form von kleinen Anlagen statt, die wenig zur Erhöhung der Gesamtleistung beitragen, jedoch negative ökologische Folgen für das Gewässer haben können. Schon heute erzeugen 90 Prozent der Anlagen weniger als zehn Prozent des Wasserkraftstroms. Das heißt, 90 Prozent der Stromproduktion entfallen auf wenige Großanlagen.

Wasserkraft ist übrigens nicht so beständig verfügbar, wie man meinen könnte. Sie ändert sich zwar nicht so sehr wie Wind und Sonne, wo es täglich große Schwankungen gibt, aber über Monate betrachtet eben schon. Hinzu kommen unbeständige Niederschlagsmengen, die die Jahressummen zwischen 0,6 und 0,8 Kilowattstunden pro Tag und Person schwanken lassen, je nach Regenmenge im jeweiligen Jahr.

Fügen wir unserer Bilanz also eine Kilowattstunde pro Tag pro Person beziehungsweise einen Fahrradfahrer hinzu. Etwas enttäuschend vielleicht, wenn man bedenkt, wie viel über Wasserkraft gesprochen wird. Hätten Sie das gedacht? Relevante Flächen werden hierfür allerdings nicht benötigt, in unserer Deutschlandkarte brauchen wir also keinen Flächenbedarf einzutragen.

Die linke graue Säule zeigt unseren Energiebedarf in Deutschland von 85 bzw. 120 kWh pro Person und Tag. Der kleinere Wert ist unser **End**energiebedarf, der größere unser **Primär**energiebedarf. Die Säule rechts daneben zeigt im Vergleich die möglichen Beiträge durch erneuerbare

Energien. In diesem Kapitel kommt ein überraschend kleiner Beitrag aus der Wasserkraft in Höhe von 1 kWh pro Person und Tag hinzu. Die in der Deutschlandkarte dafür benötigte Fläche ist vernachlässigbar.

Energiequelle Wasserkraft

- Aufgrund der Höhenunterschiede an Land fließt der Regen zum Meer hin ab. Die Energie des fließenden Wassers kann man nutzen und in Energie umwandeln.

Nutzungsmöglichkeiten

- Früher hat man mit einem offenen Wasserrad zum Beispiel eine Mühle angetrieben, die Wasserkraft wurde also direkt in mechanische Energie umgewandelt.

- Heute nutzt man geschlossene Turbinen, durch die das Wasser fließt, um Strom zu produzieren. Diese haben bei der Umwandlung der Energie in Strom einen Wirkungsgrad von bis zu 90 Prozent.

- Man kann spezielle Turbinen auch dazu verwenden, aktiv Wasser nach oben zu pumpen. Das nutzt ein Pumpspeicherkraftwerk aus: Zum Energiespeichern wird Wasser nach oben gepumpt, zur Energieproduktion lässt man es durch große Rohre wieder nach unten fließen.

Aktueller Einsatz

- Laufwasserkraftwerke nutzen Stauwehre in großen Flüssen mit bis zu 15 Metern Höhendifferenz. Hier ist vor allem die Wassermenge entscheidend für eine hohe Energieproduktion.

- Speicherkraftwerke in den Bergen nutzen dagegen eine sehr große Höhendifferenz, zum Teil über 1000 Meter.

- Wenn ein Speicherkraftwerk zusätzlich zum oberen Speichersee auch noch einen Speichersee unten am Ausgang des Kraftwerks besitzt, kann man es als Pumpspeicherkraftwerk nutzen.

Effizienz/Flächenbedarf

(↑) **Laufwasserkraftwerke**
Bei Laufwasserkraftwerken ist der Flächenbedarf gering, da meist keine großen Seen aufgestaut werden müssen.

(→) **Speicherkraftwerke**
Bei Speicherkraftwerken entstehen zwar zum Teil künstliche Speicherseen, aber im Vergleich zu Biomasse, Wind und Sonne ist der Flächenbedarf in Europa meist gering. Der Flächenbedarf zum Beispiel bei der Drei-Schluchten-Talsperre, dem Assuan- oder dem Itaipú-Staudamm ist hingegen recht groß, sie produzieren aber auch gewaltig viel Energie.

Zeitlicher Einsatz/Speicherbedarf

(↑) **Speicherkraftwerke**
Besonders Speicherkraftwerke können zeitlich flexibel eingesetzt werden. Pumpspeicherkraftwerke sind der Prototyp eines Energiespeichers und daher dort weit verbreitet, wo es geografisch möglich ist.

(→) **Laufwasserkraftwerke**
Staustufen mit Laufwasserkraftwerken dienen eher der Grundlast-Stromerzeugung. Die Durchflussmengen sind allerdings stark abhängig von der Regenmenge.

Ökologische Auswirkungen

(→) Wasserkraft produziert keine schädlichen Stoffe oder Altlasten und benötigt wenig Ressourcen. Zudem sind Staustufen in vielen Flüssen sowieso notwendig, um diese schiffbar zu machen. Andererseits ändert ein Aufstauen des Wassers die lokalen Bedingungen für Fauna und Flora grundlegend. Besonders bei sehr kleinen Anlagen steht die geringe Energieproduktion häufig in schlechtem Verhältnis zum dafür nötigen Eingriff in die Natur. Pumpspeicherkraftwerke benötigen große Speicherseen, meist in den Bergen, was die Landschaft verändert.

Weltweites Potenzial

(↓) Wasserkraft kann nur in Ländern mit großen Flüssen oder hohen Bergen und damit großen Höhenunterschieden einen substanziellen Beitrag zur Stromproduktion wie zum Beispiel in Island oder Norwegen leisten. Insgesamt ist der Beitrag aus der Wasserkraft weltweit auf ein bis drei Kilowattstunden pro Tag und Person beschränkt.

Wellen

Alles, was sich bewegt, trägt Bewegungsenergie in sich. Das gilt auch für Wasserwellen, die unsere Meere durchwandern und irgendwann an die Küsten branden. Bei diesen Wellen ist es der Wind, der ihnen ihre Energie verleiht. Und beim Wort „Energie" werden wir natürlich hellhörig – könnten wir nicht versuchen, die Wellen der Ozeane abzubremsen, bevor sie die Küste erreichen, und so ihre Energie nutzen? Ist das möglich und lohnt sich das?

Überblick Wellen

Wo und wie entstehen eigentlich Wellen? Wind streicht auf den Weiten der Ozeane über das Wasser und erzeugt dabei Wellen. Bei einer ruhigen und glatten Wasseroberfläche tut sich der Wind schwer, am Wasser anzugreifen. Aber je größer die Wellen sind, desto größer wird auch die Angriffsfläche für den Wind, sodass er die Wellen auf ihrem Weg immer weiter anfachen kann. Auf diese Weise kommen auf großen Meeren wie dem Atlantik über Tausende Kilometer typischerweise hohe Wellen mit deutlich über einem Meter Wellenhöhe zustande. An den Küsten der kleinen Meere, wie dem Mittelmeer oder der Ostsee, sind die Wellen in der Regel eher klein.

Es ist in der Tat eine beachtliche Menge an Energie, die an den Küsten der Weltmeere angerollt kommt. Auf nur einen Millimeter Küstenlänge brandet pro Tag im Schnitt so viel Energie, wie einer unserer Fahrradfahrer produzieren kann, also eine Kilowattstunde. Mit der Energie von nur einem Meter Küste könnte man gleich ein paar Dutzend Häuser vollständig mit Energie versorgen.

Das klingt vielversprechend! Leider hat die Sache zwei Haken. Zum einen gibt es nicht genügend Küstenlänge, denn würden wir die gesamte Atlantikküste Europas auf alle Einwohner Europas verteilen, stünde jedem lediglich ein halber Zentimeter Küste zu. Zum anderen gibt es in der Welt nicht viele Gegenden mit so hoher Wellenenergie wie den Nordatlantik. Die meisten Küsten dieser Welt haben viel weniger Potenzial. Nicht nur an den Küsten der kleinen Meere, wie Mittelmeer oder Ostsee, sind die Leistungen der Wellen mindestens fünfmal kleiner, sondern auch an den meisten Küsten der großen Meere.

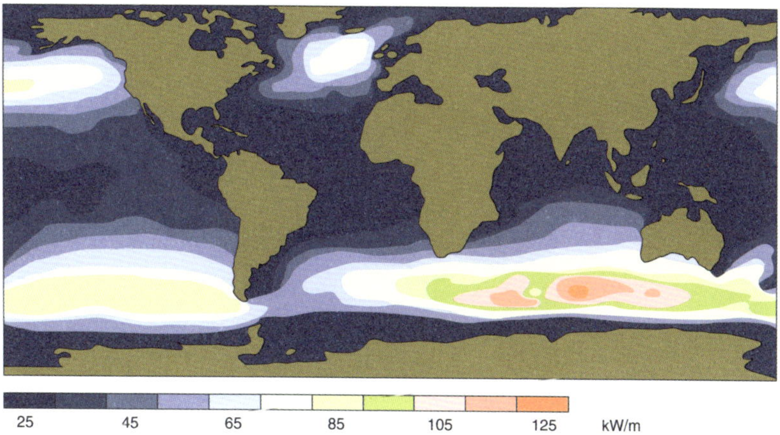

Überall, wo es gelb, grün und orange ist, gibt es hohe Wellen in den Meeren, also viel Energie für Wellenkraftwerke. Das wirklich Interessante an dem Bild ist, dass für die meisten Küsten dieser Welt das Potenzial verschwindend gering ist. (Eigene Darstellung nach IPCC, Special Report on Renewable Energy Sources and Climate Change Mitigation, 2011)

Wie kann man Wellenenergie nutzen?

Es gibt verschiedene Ideen für die Energiegewinnung aus Wellen. Sie unterscheiden sich darin, ob die Kraftwerke direkt an die Küste gebaut werden, wo die Wellen anbranden, oder etwas weiter draußen im Meer. Alle Techniken versuchen dabei, das Auf und Ab der Wellen in Strom umzuwandeln. Ein Effekt ist bei allen gleich: Wenn ein Wellenkraftwerk der Welle Energie entzieht, ist die Wellenhöhe hinter dem Kraftwerk (also zwischen Küste und Kraftwerk, wenn es nicht direkt an die Küste gebaut ist) niedriger als vor dem Wellenkraftwerk. Und hätte das Wellenkraftwerk einen Wirkungsgrad von 100 Prozent, dann wäre die See hinter dem Wellenkraftwerk sogar spiegelglatt – die gesamte Bewegungsenergie wäre vom Kraftwerk umgewandelt worden. Natürlich ist das technisch nicht möglich.

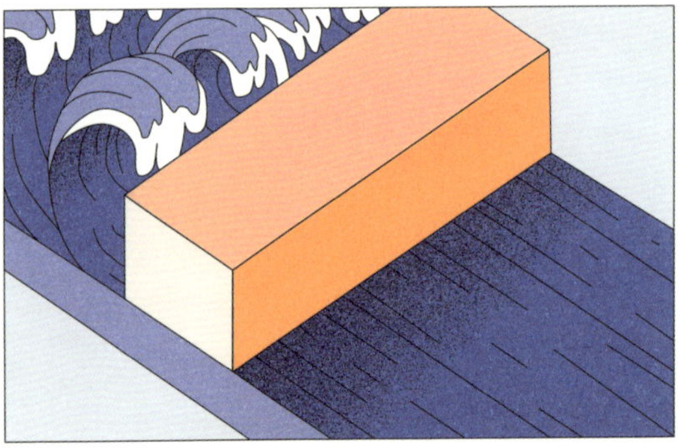

Wie auch immer ein Wellenkraftwerk funktioniert: Wenn es 100% der ankommenden Wellenenergie in Strom umwandeln könnte, würden sich hinter ihm keine Wellen mehr bewegen, das Wasser wäre spiegelglatt.

Es wurden schon viele Technologien entwickelt, von denen die meisten wieder vom Markt verschwunden sind. Im folgenden Bild ist ein Konzept skizziert, an dem aktuell gearbeitet wird. Die Wellenenergie wird über die Auf- und Abwärtsbewegung von sogenannten Schwimmern in Strom umgewandelt, wobei die Welle an Energie und damit an Höhe verliert. Weitere Konzepte zur Nutzung von Wellenenergie haben so schöne Namen wie Pelamis (Seeschlange), Oyster (Auster) oder Wave Dragon (Wellendrache). Aber kaum eine Idee hat es bisher über das Versuchsstadium hinaus geschafft.

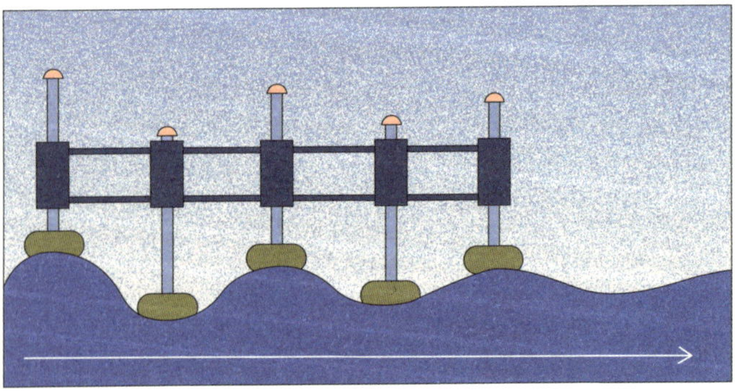

Ein mögliches Prinzip eines Wellenkraftwerks: die Auf- und Abwärtsbewegung der Wellen wird in mechanische Bewegung umgewandelt, aus der wiederum Generatoren Strom produzieren.

Potenzial Wellenenergie

Schätzen wir doch einmal das Potenzial von Wellenenergie in Europa optimistisch ab, um ein Gefühl dafür zu bekommen, wie groß es ist. Belegen wir dazu gedanklich die Hälfte der 4500 Kilometer langen europäischen Atlantikküste – also 2250 Kilometer Küste – mit Wellenkraftanlagen, die mit einem fiktiven Wirkungsgrad von 50 Prozent aus der Wellenenergie Strom produzieren können. Das würde aufgeteilt auf 750 Millionen Europäer zwei Kilowattstunden pro Person und Tag liefern, also zwei Fahrradfahrer pro Person.

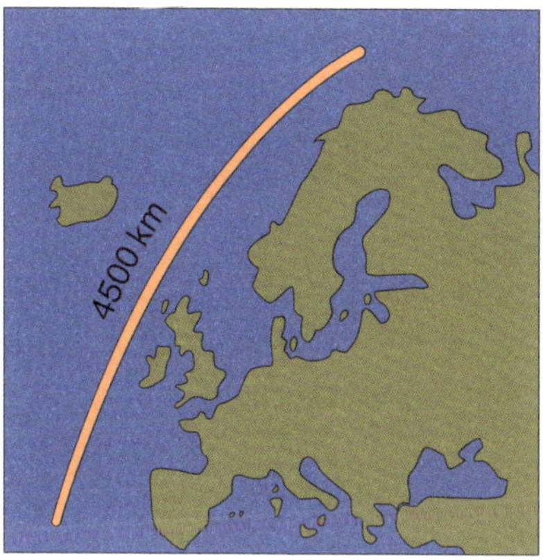

Die Atlantikküste von Europa beträgt ganze 4500 km in gerader Linie. Wenn man diese auf die 750 Millionen Einwohner Europas verteilt, bekommt jeder nur 6 mm davon ab.

Das ist nicht viel für den gewaltigen Aufwand. Und leider gibt es so effiziente Kraftwerke bisher nicht. Die oben vorgestellten Konzepte haben alle einen Wirkungsgrad von deutlich unter 50 Prozent, können also nur einen kleinen Teil der Wellenenergie in Strom umwandeln. Und es ist nicht realistisch, 2250 Kilometer Küstenlinie zu belegen. Daher wird die Ausbeute in der Realität wohl weit unter der theoretischen Zahl von zwei Fahrradfahrern pro Person liegen. In anderen Weltregionen kann man aus Wellen gar keine Energie gewinnen, weil dort das Meer deutlich ruhiger ist als an der europäischen Atlantikküste.

Dennoch könnte diese Energiequelle in einzelnen Gegenden lokal interessant sein, etwa in Spanien, Großbritannien oder Australien. Aber global wird die Wellenkraft keinen signifikanten Anteil zur Energieversorgung beitragen können. Vor allem für Deutschland gibt es an der Nordsee **keinen nennenswerten Beitrag,** unserer Bilanz können wir also leider **keine Fahrradfahrer** hinzufügen, sie bleibt unverändert.

Die linke graue Säule zeigt unseren Energiebedarf in Deutschland von 85 bzw. 120 kWh pro Person und Tag. Der kleinere Wert ist unser **End**energiebedarf, der größere unser **Primär**energiebedarf. Die Säule rechts daneben zeigt im Vergleich die möglichen Beiträge durch erneuerbare

Energien. In Deutschland kann Wellenkraft leider keinen Beitrag leisten, es kommt nichts zu unserer Bilanz hinzu. Auch die Deutschlandkarte mit den zugehörigen Flächen für die Energieproduktion verändert sich nicht.

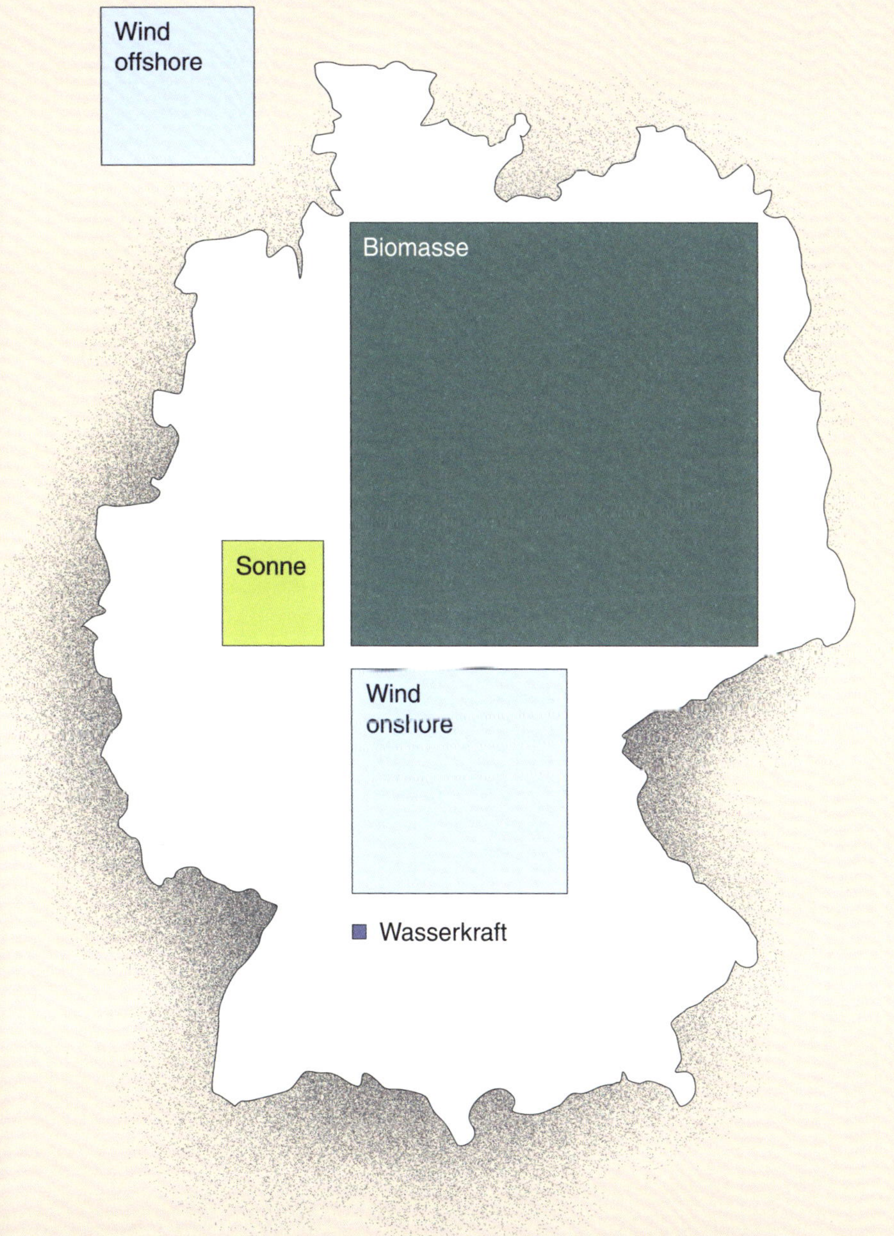

Energiequelle Wellenkraft

● Wellenkraft nutzt die Bewegungsenergie von Wasser. Die Wellen breiten sich aus und transportieren ihre Bewegungsenergie über Tausende Kilometer bis an die Küsten. Die Energiequelle dafür ist der Wind, der in den Weiten der Weltmeere über das Wasser streicht und so Wellen anfacht. Die an den Küsten ankommende Energie kann dabei gewaltig sein, im Nordatlantik etwa im Schnitt 30 bis 60 Kilowatt pro Meter Küstenlänge.

Nutzungsmöglichkeiten

● Es gibt verschiedene technische Ansätze, um das Auf und Ab der Wellen in Strom umzuwandeln, entweder direkt an der Küste, wo die Wellen anbranden, oder etwas weiter draußen im Meer. Die Anlagen müssen sowohl die größten Stürme überstehen können als auch bei normalem Seegang empfindlich genug sein, um die Wellenenergie nutzen zu können – eine technische Herausforderung.

Aktueller Einsatz

● Es gibt einige vielversprechende Ansätze, aber viele Firmen, die Anlagen entwickelt haben, existieren nicht mehr, und die jeweils verfolgten Techniken werden nicht mehr weiterentwickelt. Es sind weltweit nur sehr wenige Wellenkraftwerke in Betrieb, und zusammen erbringen sie nur den Bruchteil der Energie eines Kohlekraftwerks.

Effizienz / Flächenbedarf

(→) Für substanzielle Beiträge zur Energiegewinnung müsste man große Küstenabschnitte mit Wellenkraftwerken belegen.

Zeitlicher Einsatz / Speicherbedarf

(↓) In Wellenkraftwerken ist keine Speichermöglichkeit vorhanden, und die Energieproduktion ist direkt vom Seegang abhängig.

Ökologische Auswirkungen

(→) Die Technik wurde noch nicht im großen Stil genutzt und war jeweils nur für kurze Zeit in Betrieb. Mögliche Probleme sind substanzielle Eingriffe im Küstenbereich. Eine solide Beurteilung ist wegen der fehlenden Erfahrungen schwierig.

Weltweites Potenzial

(↓) Die wenigsten Küstenregionen sind für Wellenenergie geeignet. Auch wenn neue Ansätze in der Forschung verfolgt werden, ist die Energieausbeute im Vergleich zu Wind und Sonne selbst bei maximalem Ausbau und verbesserter Technik stark beschränkt, und ein signifikanter Beitrag ist lediglich lokal, aber nicht global möglich. Die technischen Anforderungen sind hoch. An einigen Küsten könnte der Einsatz aber lohnend sein.

Gezeiten

Wer Urlaub am Meer macht, kann erleben, wie sich im Halbtagesrhythmus das Wasser in Form von Ebbe und Flut hebt und senkt, besonders am Atlantik und an der Nordsee. Wenn man sich überlegt, welche Wassermassen hierbei bewegt werden, könnte man meinen, dass da ziemlich viel Energie im Spiel sein muss. Aber woher kommt diese Energie, und könnten wir sie für unsere Zwecke nutzen? In der Tat gibt es Gezeitenkraftwerke, die die Energie aus dem regelmäßigen Wechsel von Ebbe und Flut in Strom umwandeln. Könnte das die Lösung unserer Energieprobleme sein?

Überblick Gezeiten

Der Ursprung der Bewegung von Ebbe und Flut ist die Anziehungskraft zwischen Erde und Mond. Die Anziehungskraft des Mondes zerrt an der Materie der Erde und umgekehrt. Das Wasser der Ozeane türmt sich dadurch in Richtung Mond auf, es entsteht ein Wasserberg auf der mondzugewandten Seite der Erde, wie in dem folgenden Bild zu sehen ist. Aufgrund des Umstands, dass sich die Erde innerhalb von 24 Stunden um ihre eigene Achse dreht, drehen wir uns – bildlich gesprochen – unter diesem Gezeitenberg hindurch: Aus dem Gezeitenberg wird eine Flutwelle, die einmal rund um unseren Planeten läuft.

Es entsteht aber noch ein zweiter Gezeitenberg auf der mondabgewandten Seite der Erde. Wie kommt dieser zustande?

Da sich Erde und Mond gegenseitig anziehen, dreht sich der Mond streng genommen nicht um die Erde, sondern beide drehen sich innerhalb von vier Wochen (Dauer eines Mondzyklus von Vollmond zu Vollmond) um einen gemeinsamen Schwerpunkt. Dieser liegt innerhalb der Erde. Die Erde „wobbelt" also im Kreis um diesen Schwerpunkt. Diese Bewegung bewirkt eine Fliehkraft auf das Wasser auf der mondabgewandten Seite, wo zudem die Anziehung des Mondes geringer ist, und es bildet sich dort ein zweiter, etwas kleinerer Flutberg.

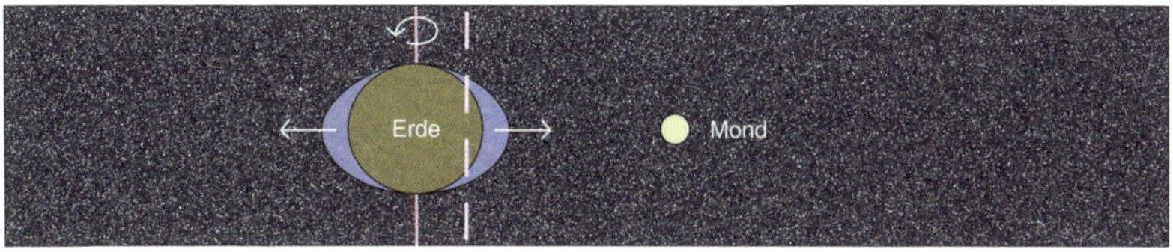

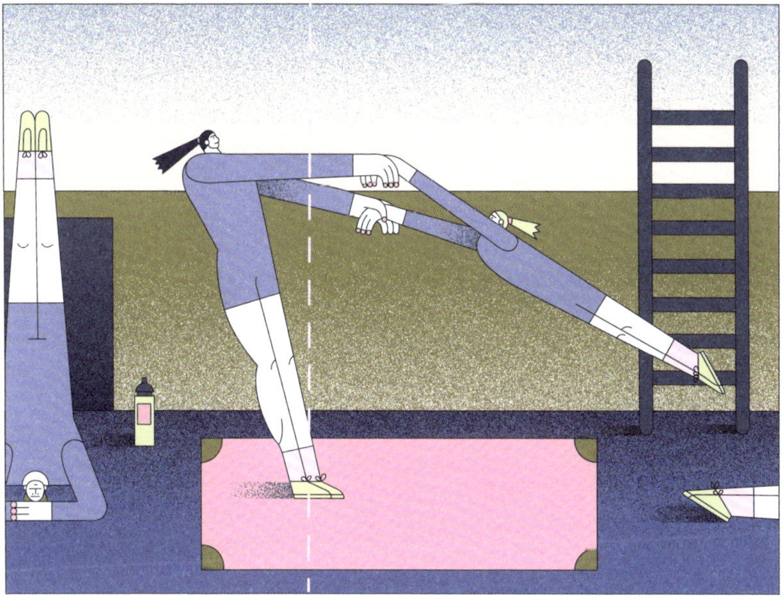

Bei „Engelchen flieg“ dreht sich das Kind nicht um die Mutter, sondern beide rotieren um ihren gemeinsamen Schwerpunkt (gestrichelte Linie). Genauso drehen sich Mond und Erde umeinander. Die Haare der Mutter fliegen aufgrund der Fliehkraft nach hinten, ebenso bewegt sich der zweite Flutberg auf der mondabgewandten Seite der Erde

Veranschaulichen können wir das durch das Spiel „Engelchen flieg“. Auch hier dreht sich das Kind nicht um die Mutter, sondern beide drehen sich um den gemeinsamen Schwerpunkt. Aus diesem Grund „fliegt“ nicht nur das Kind, sondern es fliegen auch die Haare der Mutter.

Das Wasser der beiden Flutberge wird von anderer Stelle „abgezogen“, und zwischen den Flutbergen entstehen die Wassertäler der Ebbe im 90-Grad-Winkel zur Erde-Mond-Achse. Und da wir uns in 24 Stunden einmal um die eigene Achse drehen, erleben wir zweimal Flut und zweimal Ebbe pro Tag. Aber nicht exakt alle 12 Stunden, denn der Mond hat sich in dieser Zeit auf seiner Bahn um die Erde ein wenig weiter bewegt. Daher verschieben sich Flut und Ebbe pro Tag um etwa 50 Minuten.

Und was ist mit der Sonne? Erde und Sonne ziehen sich doch auch an!

Genau, auch die Sonne hat einen Einfluss auf die Gezeiten, aber obwohl die Sonne viel größer und schwerer als der Mond ist, ist ihr Abstand zur Erde so groß, dass ihr Einfluss auf die Gezeiten nur etwa halb so stark ist wie der des Mondes. Das heißt, wenn Sonne und Mond in einer Linie stehen (also bei Voll- oder Neumond), verstärken sich ihre Anziehungskräfte, und es kommt zu besonders starken Gezeiten, den sogenannten Springtiden. Stehen Sonne und Mond im 90-Grad-Winkel zur Erde (also bei Halbmond), heben sich ihre Gezeitenwirkungen gegenseitig zum Teil auf, was man dann Nipptiden nennt. Springtiden und Nipptiden wechseln sich im Wochentakt ab.

Allerdings ist die Darstellung der Erde mit den Flutbergen und Fluttälern noch ein wenig unrealistisch, denn es gibt Barrieren für das Wasser bei der Erddrehung: die Kontinente. Das Ergebnis ist, dass das Wasser in den einzelnen Meeren wie in einer Schüssel im Kreis herumschwappt und sich vor allem an den Küsten der Kontinente aufstaut. Diese wiederum sind sehr unterschiedlich geformt. Daher fällt der Tidenhub (so nennt man den Höhenunterschied zwischen Ebbe und Flut) weltweit sehr unterschiedlich aus. An der Ostsee sind es an der Küste weniger als 30 Zentimeter, an der Atlantikküste vereinzelt zehn Meter und mehr, und mitten im Meer ist es ein Meter. Der Rekord liegt in Kanada in der Bay of Fundy mit über 15 Metern Differenz zwischen Ebbe und Flut. Der zeitliche Abstand zwischen zwei Fluten ist unabhängig vom Ort, aber wird vom Takt des Mondes und der Erddrehung vorgegeben. Wir können also an allen Küsten von zwei Fluten pro Tag ausgehen.

Wie können wir Gezeitenenergie nutzen?

Wie können wir nun die Energie aus der Bewegung dieser enormen Wassermassen nutzen? Im Grunde gibt es zwei Techniken: Gezeitenbecken und Strömungskraftwerke.

Gezeitenbecken

Für Gezeitenbecken braucht man eine große Bucht und trennt diese durch eine Staumauer vom Meer ab. An einer Stelle fügt man in die Staumauer ein Tor ein und setzt in dieses Tor eine Turbine. Möglichst zum Zeitpunkt des höchsten Wasserstandes lässt man das Wasser durch die

Turbine in das Becken laufen. Wenn das Becken voll ist, wartet man auf die Ebbe und lässt das Wasser durch die Turbine wieder hinauslaufen.

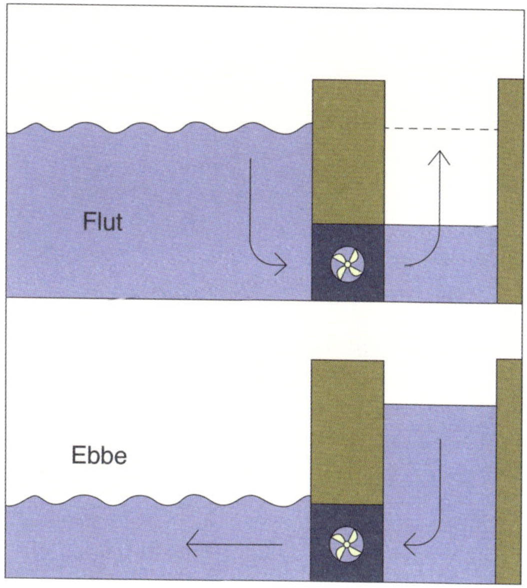

Das Prinzip eines Gezeitenbeckens.

Für große Becken muss man natürlich mit mehreren Turbinen arbeiten. Der enorme Wasserfluss von Ebbe zu Flut wird auf diese Art komplett durch Turbinen geführt, die ihrerseits einen Generator antreiben, der die Energie des Wassers in elektrische Energie umwandelt.

Solche Gezeitenkraftwerke werden typischerweise an Küsten gebaut, an denen es Buchten oder Flussmündungen gibt. Hier findet man natürliche Gezeitenbecken oder geeignete Plätze für den Bau von künstlichen Becken. Im Gegensatz zu Wasserkraftwerken in Flüssen oder Stauseen ist die Energie der Gezeiten über den Tag hinweg nicht gleichmäßig verfügbar, aber stets regelmäßig ungefähr alle sechs Stunden. Gezeitenkraftwerke dieser Art existieren übrigens schon, allerdings nur zwei in nennenswerter Größe. Eines davon ist seit 1967 in Frankreich an der Mündung des Flusses Rance in der Bretagne in Betrieb, das andere seit 2011 in Südkorea.

Vergleich des Tidenhubs an Ostseeküste (rechts), Nordseeküste (Mitte) und an vereinzelten Stellen des Atlantiks (links).

Wie viel Energie kann so ein Gezeitenkraftwerk liefern?

Schauen wir uns die Zahlen an, um ein Gefühl dafür zu bekommen, wie viel Energie so ein Kraftwerk produzieren könnte: In einem Becken mit einem Quadratmeter Fläche und einem Meter Tidenhub erhält man in 24 Stunden (also nach zwei Fluten und zwei Ebben) fünf Wattstunden, also nur 0,005 Kilowattstunden, und das, obwohl dabei 1000 Liter Wasser zweimal hinein- und hinausfließen. Liegt der Tidenhub dagegen bei zehn Metern, sind es schon 0,5 Kilowattstunden pro Tag, also 100 Mal so viel. Die Höhe des Wassers ist also doppelt entscheidend. Zum einen bedeutet die zehnfache Höhe auch zehnmal so viel Wasser, das durch die Turbine fließt. Zum anderen ist die Höhe entscheidend für den Wasserdruck an der Turbine, und der bestimmt wiederum die verfügbare Energie pro Liter Wasser. Das Wichtigste ist also ein großer Tidenhub, erst danach folgt die Größe des Beckens. Aber leider gibt es nicht viele Orte auf der Welt mit zehn oder mehr Metern Tidenhub. Doch reicht vielleicht auch weniger für eine sinnvolle Nutzung? Das werden wir noch abschätzen.

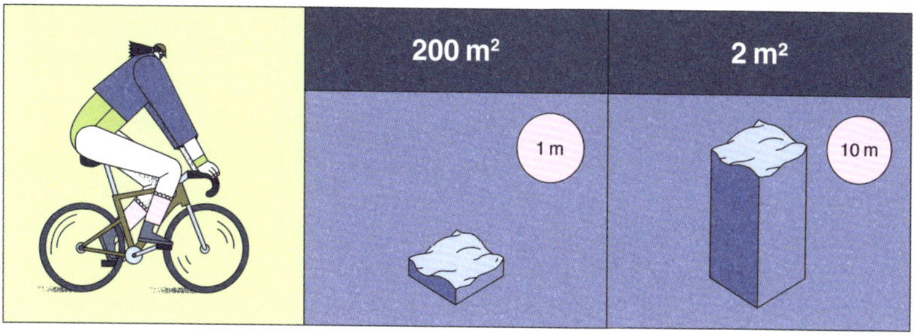

Wie groß müsste ein Gezeitenbecken sein, damit es genauso viel Energie produziert wie unsere Fahrradfahrerin? Das hängt vom Tidenhub ab. Beträgt dieser nur 1 m, dann bräuchte man ein Becken mit 200 m² Fläche für 1 kWh pro Tag. Bei 10 m Tidenhub müsste das Becken nur eine Fläche von 2 m² besitzen.

Windrad unter Wasser

Schauen wir uns die zweite Technik für die Nutzung der Gezeitenenergie an. Wenn das Wasser zum Beispiel in der Nordsee aufgrund der Flut ansteigt, muss es ja irgendwo herkommen beziehungsweise bei Ebbe wieder irgendwo hinfließen. Da es zwischen Atlantik und Nordsee südlich und nördlich von Großbritannien Engstellen gibt, strömt das Wasser dort mit vergleichbar hohen Geschwindigkeiten hin und her, teilweise mit zehn Stundenkilometern. In diese Engstellen kann man dann so etwas Ähnliches wie ein Windkraftwerk stellen, nur unter Wasser, ein sogenanntes Strömungskraftwerk. Solche Anlagen stehen zum Beispiel an der Nordspitze von Schottland.

Ein Strömungskraftwerk nutzt die Energie der Gezeitenströmungen.

Potenzial Gezeitenenergie

Das klingt alles ziemlich vielversprechend. Riesige Mengen Wasser sind permanent unterwegs, und ihre Energie ist in der Summe gewaltig. Aber wie viel könnten wir davon realistischerweise für uns verwenden?

Klar ist jetzt, dass für die Nutzung der Gezeitenenergie ein möglichst großer Tidenhub beziehungsweise eine schnelle Gezeitenströmung durch einen Engpass ausschlaggebend ist. Für beides sind aber, wie erwähnt, vor allem die geografische Lage und die Küstenform entscheidend.

Potenzial Deutschland

Schauen wir uns die Situation für Deutschland an. In der Elbmündung haben wir circa vier Meter Tidenhub. Würden wir die gesamte Elb- und Wesermündung mit einer Mauer umschließen, entstünde ein Gezeitenbecken mit einer Fläche von 500 Quadratkilometern. Aber selbst dann ergäbe das Potenzial auf ganz Deutschland verteilt pro Person und Tag nur 0,5 Kilowattstunden oder einen halben Fahrradfahrer, und wenn man die unvermeidbaren Verluste berücksichtigt, deutlich weniger. Der Flächenbedarf ist also groß und die Ausbeute deutlich kleiner als die von Fotovoltaik auf derselben Fläche. Wir sehen, was so schön angefangen hat, liefert leider doch nicht so viel Energie wie erhofft. Und nutzbare Standorte für Strömungskraftwerke gibt es in Deutschland gar nicht.

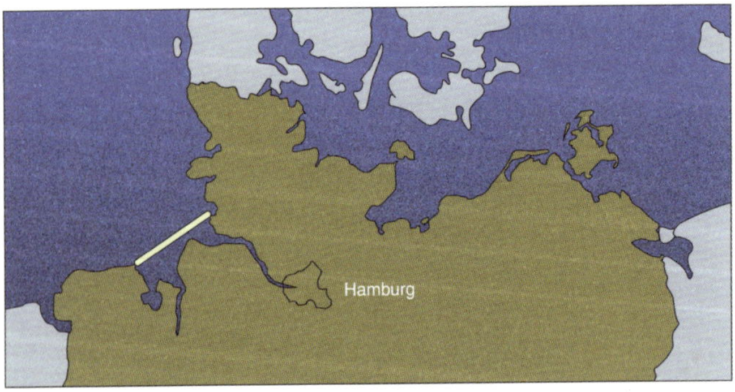

In Deutschland gibt es eigentlich keinen geeigneten Standort für ein Gezeitenbecken. Theoretisch möglich wäre es, die Weser- und die Elbmündung abzutrennen. Allerdings würde das die Schifffahrt zum Hamburger Hafen und nach Bremerhaven massiv behindern, und der Aufwand stünde in keinem Verhältnis zum möglichen Ertrag.

Weltweites Potenzial

Das weltweite Leistungspotenzial der Gezeitenkraft an den wenigen geeigneten Standorten wird auf rund 60 Gigawatt geschätzt, also so viel, wie 60 Kohlekraftwerke erzeugen können. Das heißt, die weltweite Erzeugung würde damit nicht einmal den Strombedarf von Deutschland erreichen. Und obwohl Gezeitenkraftwerke schon seit einem Jahrhundert diskutiert werden und das erste Gezeitenkraftwerk in der Rance-Mündung in Frankreich seine Arbeit im Jahr 1967 aufgenommen hat, ist bis heute weltweit nur ein halbes Gigawatt Leistung aus Gezeitenkraftwerken installiert, also grob die Leistung eines halben Kohlekraftwerks. Gezeitenkraftwerke werden immer nur lokal kleine Beiträge liefern, aber nie einen größeren Teil der globalen Energieproduktion übernehmen können.

Und es gibt noch ein Problem mit den Gezeitenbecken: Die Absperrbauwerke verändern die umliegenden Ökosysteme in hohem Maße. Sie verringern den Tidenhub in den Flussmündungen, was den Abtransport von Sedimenten und Schlamm zum offenen Meer so weit behindert, dass es zu massiven Verlandungen kommt. Besondere Einrichtungen sind nötig, um Fischen die Passage durch den Kraftwerksdamm zu erleichtern. Auch für die Schifffahrt müssen Lösungen gefunden werden. Vielleicht sind Strömungskraftwerke die bessere Methode, um an einzelnen Stellen einen Beitrag zur Energieversorgung zu leisten, aber auch hier gibt es weltweit nur sehr wenige mögliche Standorte, in Deutschland wie gesagt gar keine. Für einen ernsthaften Beitrag zur weltweiten Energieversorgung bräuchten wir – ähnlich wie bei Windkraftanlagen – viele Unterwasserparks mit einer großen Anzahl von Turbinen.

Zu unserer Bilanz kann Gezeitenenergie in Deutschland also leider nichts beitragen. Wir können ihr wieder nichts hinzufügen, so wie schon bei der Wellenkraft. Aber wir sind ja noch nicht am Ende, ein paar Energiequellen kommen noch.

Die linke graue Säule zeigt unseren Energiebedarf in Deutschland von 85 bzw. 120 kWh pro Person und Tag. Der kleinere Wert ist unser **End**energiebedarf, der größere unser **Primär**energiebedarf. Die Säule rechts daneben zeigt im Vergleich die möglichen Beiträge durch erneuerbare

Energien. In Deutschland kann Gezeitenenergie keinerlei Beitrag leisten, es kommt nichts zu unserer Bilanz hinzu. Auch die Deutschlandkarte mit den zugehörigen Flächen für die Energieproduktion verändert sich nicht.

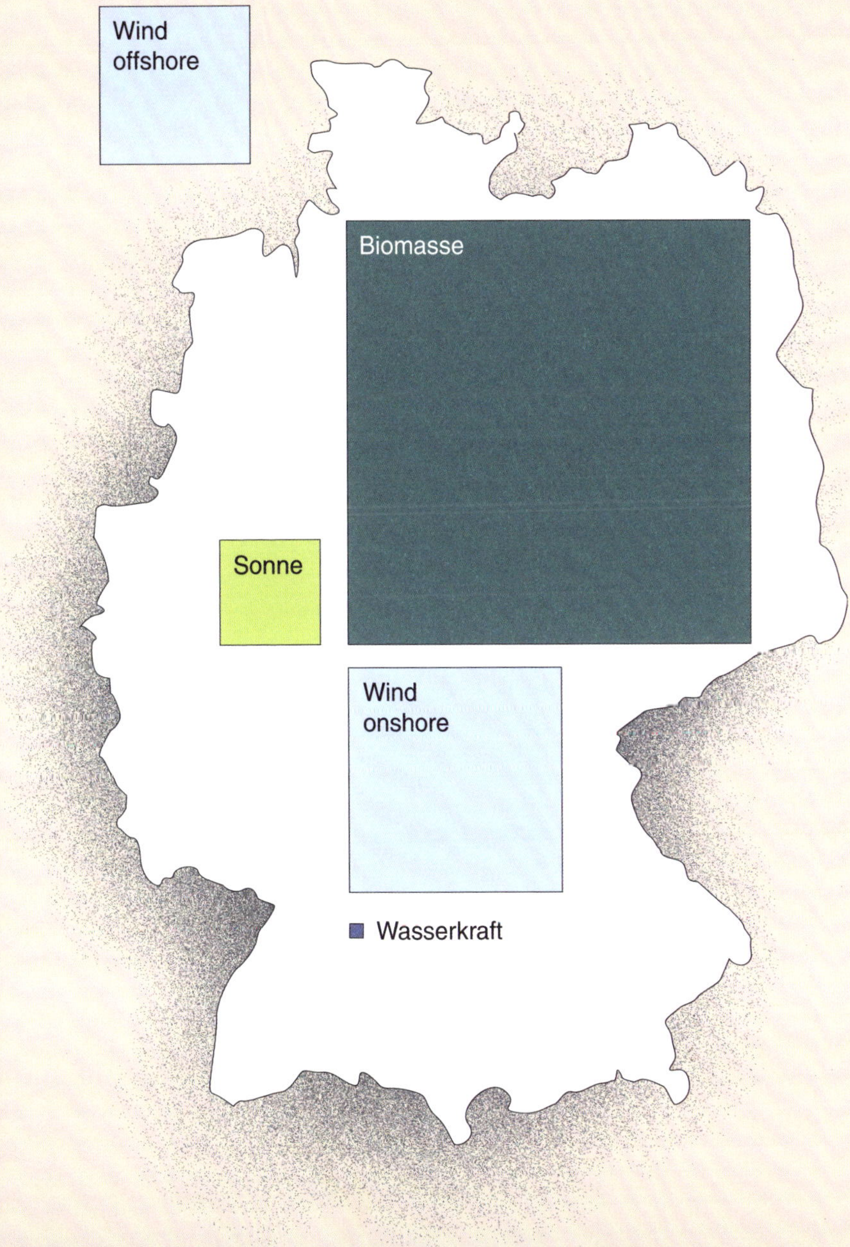

Energiequelle Gezeiten

- Ebbe und Flut sorgen aufgrund der wechselnden Wasserstände in den Meeren für eine enorme Menge an Bewegungsenergie und potenzieller Energie. Die Gezeiten entstehen durch die Anziehung zwischen Mond und Erde sowie zwischen Sonne und Erde und speisen sich letztlich aus der Erdrotation.

Nutzungsmöglichkeiten

- Um die potenzielle Energie des unterschiedlichen Wasserstandes bei Ebbe und Flut zu nutzen, wird das Wassers in Gezeitenbecken aufgestaut und dann durch Turbinen abgelassen, die dabei elektrische Energie produzieren.

- Gezeitenströmungskraftwerke wandeln die Bewegungsenergie des strömenden Wassers mithilfe von Turbinen in Strom um, ähnlich wie die Windkraft, nur unter Wasser.

Aktueller Einsatz

- Aufgrund der wenigen geeigneten Orte wird Gezeitenenergie so gut wie gar nicht genutzt, nur insgesamt 0,5 Gigawatt installierte Leistung gibt es weltweit, also so viel wie ein halbes Kohlekraftwerk. Bisher sind zwei relevante kommerzielle Gezeitenkraftwerke in Betrieb, eines in Frankreich und eines in Südkorea.

Effizienz / Flächenbedarf

(→) **Gezeitenbecken**
Die Effizienz der Turbinen ist wie bei der Wasserkraft generell sehr hoch, allerdings ist auch der Flächenbedarf für die Gezeitenbecken aufgrund der meist geringen Tidenhöhen sehr hoch.

(→) **Strömungskraftwerke**
Die Effizienz der Anlagen entspricht der von Windkraftwerken. Aufgrund der deutlich höheren Dichte von Wasser im Vergleich zu Luft ist die Energieausbeute pro Kraftwerk bei gleicher Größe höher als bei Windkraft, trotz niedrigerer Strömungsgeschwindigkeiten. Für hohe Energiemengen wären dennoch, ähnlich wie bei Windkraft, große „Parks“ mit vielen Turbinen notwendig.

Zeitlicher Einsatz / Speicherbedarf

(→) Energieerzeugung ist an einem Tag immer nur stundenweise möglich, denn der Einsatz richtet sich streng nach den Gezeiten. Der Vorteil: Diese Zeiten sind lange im Voraus bekannt und absolut verlässlich.

Ökologische Auswirkungen

(→) Der Einfluss auf das maritime Leben und die Veränderung der Küsten durch Eingriffe in die Gezeiten sind hoch. Vor allem bei Gezeitenbecken verändert sich die Küstenlandschaft stark.

Weltweites Potenzial

(↓) Es gibt nur sehr wenige geeignete Küstengebiete mit großem Tidenhub und geografisch günstigen großen Flächen für ein mögliches Wasserbecken. Ebenso gibt es nur sehr wenige Meeresgebiete mit hohen Strömungsgeschwindigkeiten. Weltweit betrachtet sind geschätzt maximal 60 Gigawatt (also 60 Kohlekraftwerke) Leistung möglich. Somit kann höchstens an einigen wenigen Küstengebieten ein Beitrag zur Energieversorgung geleistet werden.

(↑) gut (→) mittel (↓) schlecht

Geothermie

Wer denkt nicht an Island, wenn er das Wort Geothermie hört. Dampfende heiße Quellen, Geysire und Wärme im Überfluss, sodass man im Winter die Gehwege heizen kann. In der Tat ist im Inneren unserer Erde sehr viel Energie gespeichert, so viel, dass die Menschheit für Milliarden Jahre ausgesorgt hätte. Das klingt doch vielversprechend, aber können wir diese Energie wirklich in großem Stil für uns nutzbar machen?

Überblick Geothermie

Im innersten Erdkern, der aus flüssigem Eisen besteht, herrschen bis zu 6700 Grad Celsius. Wir haben also ein riesiges Energiereservoir direkt unter unseren Füßen. Doch an diese Energie im innersten Kern kommen wir aus mehreren Gründen nicht heran. Zum einen ist es noch nie gelungen, tiefer als 12 Kilometer zu bohren. Wir kratzen bisher also gerade einmal an der äußersten Erdkruste, die bis zu 70 Kilometer dick ist, und sind noch sehr, sehr weit entfernt vom Kern, der erst bei 2900 Kilometern Tiefe beginnt. Der andere Grund sind die extrem hohen Temperaturen im Erdkern. Selbst Stahl schmilzt bei 3500 Grad Celsius. Und wenn Bohrer und Rohre schmelzen, mit denen gearbeitet wird, dann gibt es kein Weiterkommen mehr. An die Erdschicht aber, in der 3500 Grad Celsius herrschen, kommen wir auch nicht heran, wir müssen uns mit deutlich niedrigeren Temperaturen zufriedengeben. Typisch sind Bohrtiefen bis sieben Kilometer mit Temperaturen von bis zu 200 Grad Celsius.

Die verschiedenen Erdschichten: Die äußerste Erdkruste reicht bis in 70 km Tiefe, und dort kann es schon bis zu 500 °C heiß werden. Danach kommen der obere (braun) und untere Mantel (orange) bis etwa 2900 km Tiefe mit einer Temperatur von bis zu 3000 °C. Der flüssige Eisenkern (weiß) der Erde ist bis zu 6700 °C heiß. Die tiefste jemals ausgeführte Bohrung von 12 km Tiefe wäre in diesem Bild nicht zu erkennen.

Zum Glück ist die Erde nicht überall gleich gut isoliert. An manchen Stellen, wie etwa in Vulkangebieten, ist die Isolierung sehr dünn, und es werden große Mengen an Wärme mit hohen Temperaturen direkt an die Erdoberfläche transportiert und können dort genutzt werden. Von solchen Orten gibt es allerdings nur sehr wenige, zum Beispiel in Island, wo es von unten auch mal 300 Grad Celsius heiß werden kann. Aber diese Vorkommen reichen bei Weitem nicht aus, um die Menschheit mit größeren Energiemengen zu versorgen. Selbst in Island werden nur 25 Prozent des Stromes mithilfe von Geothermie erzeugt und 75 Prozent aus Wasserkraft.

Überall, wo es keine Vulkane gibt, gilt die Faustregel, dass man bei zehn Grad Celsius an der Oberfläche startet und pro 100 Meter Tiefe drei Grad hinzugewinnt. Interessant für Geothermie sind Temperaturen ab ungefähr 100 Grad Celsius, und zwar am besten in einer wasserführenden Schicht, weil dann die Wärmeentnahme einfach möglich ist. Für uns Nichtisländer bedeutet das, dass wir ein paar Tausend Meter in die Tiefe bohren müssen.

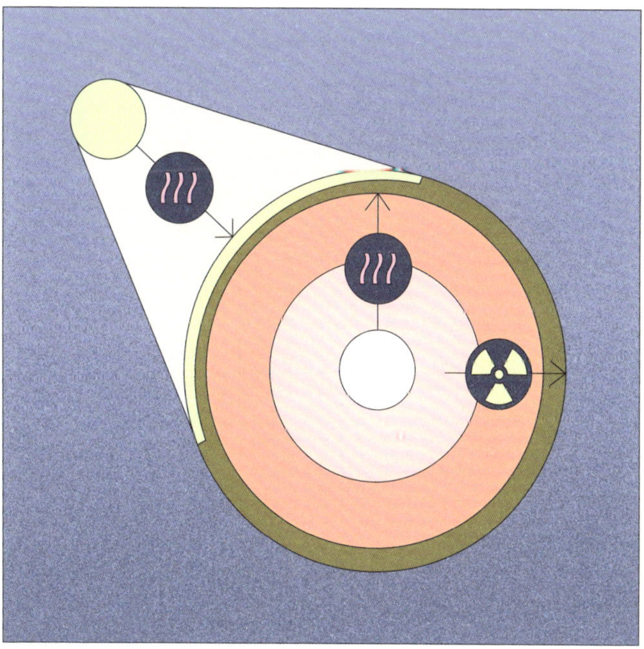

Die Energiequellen, die wir mit der Geothermie nutzen: Zum einen ist es die seit Urzeiten gespeicherte Wärme innerhalb der Erde, die langsam an die Oberfläche gelangt. Hinzu kommt Wärme aus permanentem radioaktivem Zerfall in den Erdschichten. Beides macht jeweils zur Hälfte die Wärme im Erdinneren aus, die wir mit tiefer Geothermie nutzen. Von außen kommt auch Energie und heizt die Erde auf, nämlich von der Sonne. Die verschiedenen Farben geben die unterschiedlichen Erdschichten an (s. vorherige Grafik).

Wenn Sie sich fragen, ob wir denn überhaupt in die Tiefe müssen und ob die Wärme nicht ganz von selbst nach oben drängt und von dort ins Weltall abgestrahlt wird, liegen Sie erst einmal nicht falsch. Denn auf diese Art und Weise hat sich die Erde in den letzten 4,5 Milliarden Jahren abgekühlt. Das Problem ist nur, dass an der Erdoberfläche nur ein winzig kleiner und nicht nutzbarer Wärmestrom ankommt. Die Erdkruste ist einfach ein sehr guter Isolator. Im Vergleich zu dem, was die Sonne von oben an Wärme auf den Erdboden liefert, kommt von unten 2000 Mal weniger an, die Erde kühlt deshalb auch nur extrem langsam ab.

Wie nutzt man Geothermie?

Tiefe Geothermie

Bei der sogenannten tiefen Geothermie reichen die Bohrungen bis in mehrere Kilometer Tiefe (der Rekord liegt bei 6,4 Kilometern in Finnland). In geeigneten Regionen lassen sich Temperaturen von über 100 Grad Celsius erreichen.

Betrachten wir als Beispiel die Umgebung von München, die für tiefe Geothermie geeignet ist. Hier muss man für 110 bis 150 Grad Celsius rund drei bis vier Kilometer tief bohren und trifft dann auf wasserführende Schichten. Bei diesen Temperaturen kann man einen Teil der geförderten Wärme in einem Dampfprozess wie in einem Kohlekraftwerk in Strom umwandeln und die Restwärme zu Heizzwecken nutzen. Bohrt man nur zwei bis drei Kilometer tief, erhält man Temperaturen von 80 bis 130 Grad Celsius. Mit diesen Temperaturen lohnt sich die Stromerzeugung zwar nicht, aber die Wärme kann gut zum Heizen genutzt werden. Allerdings ist ein Fernwärmenetz notwendig, damit die Wärme bis in die Häuser transportiert werden kann.

Oberflächennahe Geothermie

Wenn man nun weniger tief bohrt, befindet man sich im Bereich der sogenannten oberflächennahen Geothermie. In diesem Bereich bis circa 400 Meter Tiefe findet man häufig nur noch Temperaturen von 10 bis 25 Grad Celsius. Da stellt sich natürlich sofort die Frage, was man damit überhaupt anfangen soll. In Heizkörpern fließt normalerweise Wasser mit über 60 Grad Celsius, und sogar in Fußbodenheizungen hat das Wasser noch 30 bis 40 Grad.

Die Lösung für dieses Problem ist eine technische Errungenschaft, die mit umgekehrtem Effekt auch in Kühlschränken und Klimaanlagen eingesetzt wird: die Wärmepumpe. Mit ihr gelingt es, Wärme auf ein höheres Temperaturniveau zu „heben", um etwa einen Raum wärmer als die ursprüngliche Wärmequelle zu machen. Der Preis dafür ist zusätzliche Energie für den Strom, den wir benötigen, um die Wärmepumpe anzutreiben.

Das Verblüffende dabei ist, dass wir weniger Energie in Form von Strom einsetzen müssen, als wir nachher zusätzlich in Form von Wärme zur Verfügung haben. Klingt nach einem Perpetuum mobile, ist aber keines. Denn es wird nicht elektrische Energie in Wärmeenergie umgewandelt, sondern die Wärme wird von einem anderen Reservoir entnommen und mit Strom ins Haus „gepumpt". Das heißt zum Beispiel: Wir entnehmen mithilfe der oberflächennahen Geothermie Wärme aus dem 15 Grad warmen Grundwasser, das sich dabei ein wenig abkühlt, und heizen mit der entnommenen Wärme das Warmwasser im Haus auf 40 oder 60 Grad auf. Um diesen Prozess zu betreiben, brauchen wir Strom. Und je kleiner der „Temperaturhub" ist, also der Temperaturunterschied zwischen dem Grundwasser und dem Warmwasser im Haus, desto effizienter funktioniert das und desto weniger Strom brauchen wir.

Bei optimalem Einsatz lassen sich damit aus einer Kilowattstunde Strom bis zu fünf Kilowattstunden Wärme machen – das ist doch ein ganz guter Tausch! Ein Fahrradfahrer, der eine Wärmepumpe mit Energie versorgt, reicht dann aus, um genauso viel Wärme ins Haus zu bringen wie fünf Fahrradfahrer, die einen Elektroheizofen betreiben.

Wärmepumpen kommen auch bei noch geringeren Bohrtiefen zum Einsatz. Möchte man ein Ein- oder Mehrfamilienhaus mit einer Wärmepumpe beheizen, wird meist maximal 100 Meter tief gebohrt, und die erschlossenen Temperaturen im Boden betragen typischerweise 11 bis 15 Grad Celsius, oft allerdings nur zu Beginn der Heizsaison. Meist kann die Wärme im Untergrund nicht so schnell nachströmen, wie sie durch die Wärmepumpe entnommen wird, und am Ende der Heizsaison beträgt die Temperatur oft nur noch 5 Grad.

Man kann sich die Bohrung aber auch ganz sparen und die Außenluft als Wärmereservoir verwenden. Dann entnimmt man der Umgebungsluft mit einer sogenannten Luftwärmepumpe die Wärme und heizt damit das Haus. Die Umgebungsluft wird also kälter, drinnen wird es wärmer. Das ist im Winter bei -10 Grad Außen- und 20 Grad Innentemperatur nicht mehr besonders effizient. Aber so kalt wird es ja selten. Und außerdem dürfen wir nicht vergessen, dass wir die gewonnene Wärme ja auch für unser Warmwasser benötigen, und das brauchen wir über das ganze Jahr hinweg. Gerade im Sommer sind Luftwärmepumpen daher besonders effizient.

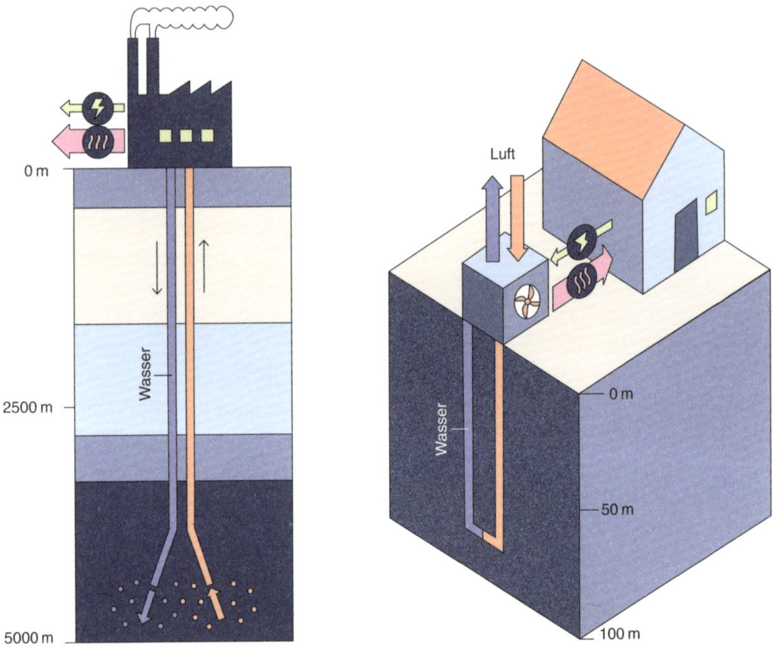

Links sehen Sie das Prinzip eines kommerziellen Kraftwerks, das mittels Geothermie ein Fernwärmenetz versorgt und zusätzlich Strom erzeugt. Rechts sehen Sie ein Einzelhaus, das mit einer Wärmepumpe geheizt wird. Entweder wird die Wärmepumpe durch eine Erdsonde versorgt oder aber aus der Luft, nicht aber durch beides wie im Bild. In beiden Fällen wird Strom benötigt, um die Wärmepumpe zu betreiben.

Klingt das alles nicht zu schön, um wahr zu sein? Nach einem energetischen Schlaraffenland?

Leider gibt es Grenzen. Denn alle diese Methoden zur Nutzung von Erdwärme, egal, wie tief wir bohren, haben eines gemeinsam: Die Menge an Wärme, die man an einer Stelle entnehmen kann, ist begrenzt. Man kühlt einen Bereich in der Erde ab und muss warten, bis er sich wieder aufgewärmt hat – und das kann je nach Größe und Tiefe des Wärmereservoirs im Boden Monate, Jahre, Jahrhunderte oder gar Jahrtausende dauern.

Die obersten Meter Erde werden im Sommer zwar regelmäßig von der Sonne wieder aufgeheizt, aber man darf nicht mehr Wärme entnehmen, als im nächsten Sommer nachgeliefert wird. Und weiter unten dauert das Aufwärmen noch viel länger, denn es sickert nur sehr wenig Wärme von unten aus dem Erdinneren oder aus radioaktiven Zerfällen in den Erdschichten nach. Man betreibt also Wärme-Bergbau, und irgendwann erschöpft sich eine Gegend, zumindest, wenn es viele Entnahmestellen gibt. Dann kann dort für Generationen keine Geothermie mehr betrieben werden.

Eine Ausnahme bildet lediglich die Außenluft bei der Verwendung von Luftwärmepumpen, dieses Reservoir ist unerschöpflich. Sie ist ein viel eingesetztes Konzept zum Heizen moderner Häuser.

Geothermie ist also ein ziemlich weites Thema: vom geothermischen Großkraftwerk, das in mehreren Kilometern Tiefe Wärme bei hohen Temperaturen fördert und damit Strom und Wärme für ganze Gemeinden produziert, bis hin zu kleinen Wärmepumpen, die aus der Umgebungsluft Wärme ziehen, um damit ein Einfamilienhaus zu beheizen. Aber wie groß ist nun das Potenzial der Geothermie in einem Land wie Deutschland?

Wärme aus der Erde zum Heizen und für die Stromgewinnung und dazu noch CO_2-frei. Eine tolle Sache, die leider nur an wenigen Orten der Welt in großem Stil umsetzbar ist.

Potenzial Geothermie

Wir haben gesehen, dass wir – auch wenn in der Erde viel Wärme gespeichert ist – nur äußerst schwierig an diese Energie herankommen. Man kann nun einmal nicht ohne Weiteres viele Kilometer tief in die Erdkruste hineinbohren, und auch der Einsatz von oberflächennaher Geothermie ist beschränkt. Wir müssen für Wärmepumpen Strom einsetzen und können aus dem Boden nur die Wärme entnehmen, die im nächsten Sommer wieder nachgeliefert wird. Aber dennoch: Was haben wir bis heute mit der Geothermie erreicht?

Stand heute

In Deutschland gibt es etwa 40 Projekte der tiefen Geothermie, fast alle in Bayern, rund um München. Die Bohrtiefe liegt dort meistens zwischen zwei und vier Kilometern, und es werden dabei Warmwasservorkommen mit Temperaturen zwischen 60 und 150 Grad Celsius angezapft. In der Summe werden momentan ungefähr zehn Prozent der entnommenen Energie zur Stromerzeugung genutzt und 90 Prozent zum Heizen. In Deutschland liegt der aktuelle Beitrag zur Stromerzeugung damit unter 0,01 Kilowattstunden pro Person und Tag und der Beitrag für die Fernwärmenetze bei circa 0,1 Kilowattstunden pro Person und Tag, also deutlich weniger als ein Fahrradfahrer pro Person.

Hinzu kommen in Deutschland aktuell mehr als 400 000 Erdwärmesonden mit einer Bohrtiefe von höchstens 400 Metern und über eine halbe Million Luftwärmepumpen. Im Bereich des Neubaus ist die Luftwärmepumpe Standard. Mit ihr werden zurzeit 0,5 Kilowattstunden pro Tag und pro Person in Form von Wärme erzeugt, also ein halber Fahrradfahrer für jeden. Ziemlich wenig, wenn man bedenkt, dass gegenwärtig insgesamt knapp 20 Fahrradfahrer für jeden Bewohner Deutschlands im Einsatz sind, um für Heizung und Warmwasser zu sorgen.

Der Beitrag der Geothermie ist heute also noch durchaus überschaubar, aber wie könnte er sich in Zukunft entwickeln?

Was sagen Experten über die Zukunft der tiefen Geothermie?

In einer großen Studie zum Thema tiefe Geothermie wurde das gesamte nutzbare Wärmepotenzial unterhalb von Deutschland abgeschätzt und zudem dargelegt, dass die Stromerzeugung aus Geothermie nur dann wirtschaftlich sein kann, wenn die Abwärme in Fernwärmenetze eingespeist wird. Ansonsten, so die Studie, wäre der Preis für Strom aus Geothermie einfach zu hoch. Unter diesen Voraussetzungen liegt das Potenzial von tiefer Geothermie für Deutschland bei **0,3 Kilowattstunden Strom pro Person und Tag** und zusätzlich für nutzbare Wärme bei **vier Kilowattstunden pro Person und Tag**. Theoretisch möglich sind für die Zukunft also circa **4 Fahrradfahrer pro Person** aus tiefer Geothermie.

Aber es gibt noch einen Haken an der Sache: Nach tausend Jahren ist dieses Potenzial erschöpft. Dann hat sich der Boden so weit abgekühlt, dass man viele Jahrtausende warten muss, bis sich neue Wärme aufgebaut hat. Aber tausend Jahre wären doch schon einmal was!

Potenzial der oberflächennahen Geothermie

An dieser Stelle wollen wir wieder eine kleine Abschätzung wagen. Da das für Luftwärmepumpen nutzbare Wärmereservoir der Luft im Grunde unendlich groß ist, ist hier eher die Frage, wie groß die Wärmenachfrage aus Wärmepumpen in Zukunft sein wird. Neben Neubauten kommen auch gut gedämmte Häuser, die bisher eine Gas- oder Ölheizung haben, für Wärmepumpen infrage. Im Augenblick liegt der Bedarf an Heizöl und Gas für Haushalte bei 12 Kilowattstunden pro Person und Tag. Er wird sich in Zukunft aber durch besser gedämmte Häuser reduzieren. Nehmen wir also an, dass die Hälfte des heutigen Heizöl- und Gasbedarfs in Zukunft über Wärmepumpen abgedeckt wird. Das wäre ein Bedarf von sechs Kilowattstunden pro Person und Tag. Abzüglich des eingesetzten Stromes könnten Wärmepumpen netto grob **vier Kilowattstunden pro Person und Tag**, also **4 Fahrradfahrer für jeden**, zur Energieproduktion beitragen.

Was sagen uns diese Ergebnisse?

Wir sehen, dass Wärmepumpen in Zukunft sicherlich eine große Rolle spielen werden bei der Bereitstellung von Wärme. Für die Stromgewinnung wird hingegen nur ein kleiner Beitrag möglich sein. Damit spielt die Geothermie nicht in derselben Liga wie Wind und Sonne, kann andererseits aber viel beständiger Energie liefern. Es ist zu bedenken, dass wir durch den Betrieb von vielen Wärmepumpen in Zukunft mehr Strom benötigen werden, der wieder durch andere erneuerbare Quellen zur Verfügung gestellt werden muss. Das Heizen mit Wärmepumpen ist dennoch eine ideale Ergänzung zur Stromproduktion aus erneuerbaren Energien.

Für unsere Bilanz bringt Geothermie noch einmal einen schönen Sprung nach oben – alles in allem können wir acht Fahrradfahrer ergänzen, vier für tiefe und vier für oberflächennahe Geothermie. Und noch ein positiver Aspekt dieser nachhaltigen Energiequelle: Flächen werden für Geothermie an der Erdoberfläche im Grunde keine benötigt, auf unserer Deutschlandkarte müssen wir also keinen Flächenbedarf vermerken.

Die linke graue Säule zeigt unseren Energiebedarf in Deutschland von 85 bzw. 120 kWh pro Person und Tag. Der kleinere Wert ist unser **End**-energiebedarf, der größere unser **Primär**energiebedarf. Die Säule rechts daneben zeigt im Vergleich die möglichen Beiträge durch erneuerbare

Energien. In diesem Kapitel können wir immerhin 8 kWh pro Person und Tag aus Geothermie hinzufügen, jeweils 4 kWh aus tiefer und aus oberflächennaher Geothermie. Der in der Deutschlandkarte dargestellte Flächenbedarf für Geothermie an der Erdoberfläche ist vernachlässigbar.

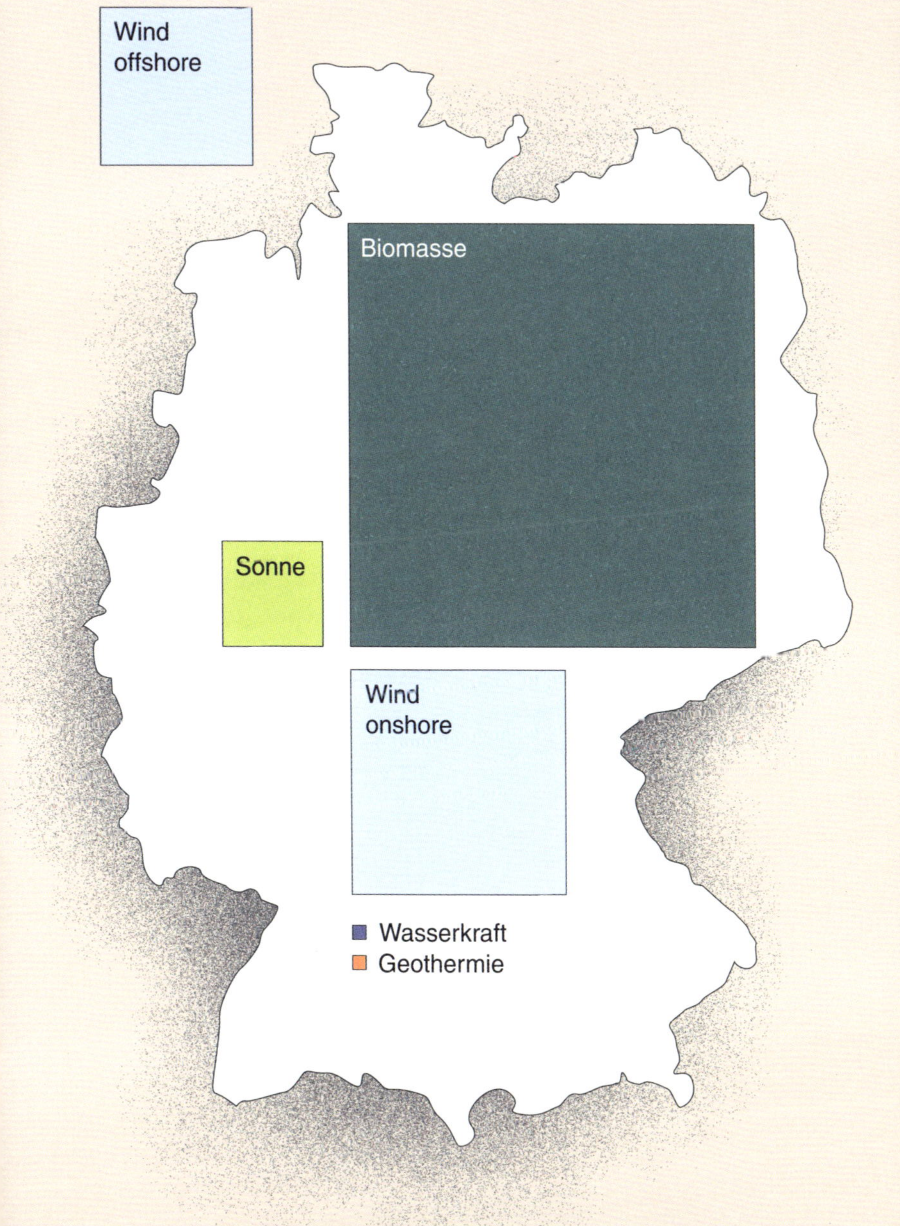

Energiequelle Geothermie

- Im Erdinneren ist eine gewaltige Menge an Energie in Form von Wärme gespeichert. Diese Wärme setzt sich zusammen aus der Restwärme aus Zeiten der Erdentstehung sowie aus radioaktiven Zerfallsprozessen in der Erdkruste, die laufend stattfinden. Nahe an der Erdoberfläche kommt die Sonnenwärme hinzu, und auch die Umgebungswärme in der Luft nehmen wir in unsere Betrachtungen auf.

Nutzungsmöglichkeiten

- Trifft man bei tiefer Geothermie auf Wassertemperaturen von deutlich über 100 Grad Celsius, lässt sich aus der Wärme Strom generieren und die Restwärme in Fernwärmenetzen zum Heizen nutzen.
- Bei tiefer Geothermie mit Wassertemperaturen um 100 Grad Celsius kann die Wärme direkt zum Heizen und zur Warmwasserbereitung, aber nicht zur Stromgewinnung genutzt werden.
- Oberflächennahe Geothermie arbeitet dagegen mit Wärmepumpen, die Bodentemperaturen im Bereich von 5 bis 15 Grad Celsius nutzen. Werden Luftwärmepumpen eingesetzt, nutzt man die Außentemperaturen. Mithilfe von Wärmepumpen lässt sich die Temperatur hierbei auf Heizniveau heben, der Betrieb der Wärmepumpen benötigt aber Strom.

Aktueller Einsatz

- An besonders guten Standorten wird mithilfe der Geothermie Strom erzeugt, zum Beispiel in Island und Indonesien. Aber auch in Island steuert die Geothermie nur 25 Prozent zur Stromerzeugung bei – bei nur 350 000 Einwohnern. In Deutschland finden sich die meisten Geothermieanlagen im Raum München, wo sie die Wärmeversorgung unterstützen und nur zum kleinen Teil zur Stromerzeugung beitragen. Der Gesamtbeitrag ist also in Deutschland und weltweit noch sehr klein.

Effizienz / Flächenbedarf

→ **Tiefe Geothermie**

Die Nutzung ist stark von der Temperatur des Untergrunds abhängig. Grundsätzlich ist der Wirkungsgrad zur Stromerzeugung relativ gering und ohne nachgelagerte Abwärmenutzung ineffizient. Zur Wärmegewinnung bietet sich tiefe Geothermie vor allem dort an, wo die Wärme über Fernwärmenetze verteilt werden kann. Der Flächenbedarf an der Oberfläche ist sehr gering. Unterhalb der Erde erstrecken sich die Bohrungen jedoch über einen Radius von vielen Kilometern.

→ **Oberflächennahe Geothermie**

Erdsonden und Luftwärmepumpen benötigen an der Oberfläche nur geringe Flächen. Zum Betrieb von Wärmepumpen wird jedoch Strom benötigt. Mit einer Kilowattstunde Strom kann man typischerweise drei bis vier Kilowattstunden Wärme für Heizzwecke erzeugen.

Zeitlicher Einsatz / Speicherbedarf

↑ Mithilfe von tiefer Geothermie kann gespeicherte Wärme zeitlich unabhängig gefördert und bei hohen Wassertemperaturen auch Strom produziert werden. Auch der Einsatz von oberflächennaher Geothermie ist zeitlich flexibel.

Ökologische Auswirkungen

↑ Generell sind die ökologischen Auswirkungen von Geothermie gering. Bei tiefen Bohrungen besteht aber manchmal das Risiko, dass Wasser in bisher trockene Schichten eingebracht wird, was bei entsprechenden geologischen Bedingungen zu Hebungen führen kann. Es wurden auch kleinere Erdbeben beobachtet, die möglicherweise im Zusammenhang mit Bohrungen stehen könnten.

Weltweites Potenzial

→ **Tiefe Geothermie**

Zwar ist das theoretische Potenzial gigantisch, allerdings sind die technisch möglichen und wirtschaftlich sinnvoll erschließbaren tiefen geothermischen Wärmevorkommen weltweit auf einzelne Regionen beschränkt und können daher voraussichtlich nur einen relativ kleinen Teil des weltweiten Energiebedarfs decken.

→ **Oberflächennahe Geothermie und Luftwärmepumpen**

Der Einsatz von Wärmepumpen bietet ein hohes Potenzial, das für Luftwärmepumpen quasi unendlich ist. Zum Betrieb benötigt man allerdings Strom, sinnvollerweise aus anderen erneuerbaren Quellen. Für moderne Häuser mit niedrigem Wärmeverbrauch werden Luftwärmepumpen in Zukunft wohl zur Standardtechnologie.

↑ gut → mittel ↓ schlecht

Weitere Energiequellen

In den bisherigen Kapiteln haben wir uns mit den bekanntesten Konzepten der erneuerbaren Energien beschäftigt. Aber gibt es nicht noch andere Ideen, die womöglich noch viel besser funktionieren? Wir hören doch immer wieder von revolutionären Techniken und völlig neuen Energiequellen. Brauchen wir womöglich die vielen Windräder und Fotovoltaik-Anlagen in der Landschaft gar nicht? Schauen wir uns doch einmal die alternativen Konzepte an.

Welche erneuerbaren Energiequellen gibt es noch?

Meereswärmekraftwerk

Im tiefen Meer herrscht eine Temperatur von wenigen Grad Celsius über null. An der Oberfläche sind es in sehr warmen Gegenden hingegen bis zu 30 Grad. Temperaturunterschiede kann man für die Energieerzeugung nutzen, darauf basiert jedes Kohlekraftwerk, jedes Gaskraftwerk und jedes Atomkraftwerk. Dort gibt es einerseits die Temperatur in der Brennkammer und andererseits die Temperatur des Kühlwassers. Die Idee eines Meereswärmekraftwerks basiert ebenso auf Temperaturunterschieden. Allerdings hängt der Wirkungsgrad von der Größe der Temperaturdifferenz ab, und das Ganze lohnt sich normalerweise nur dann, wenn man Temperaturunterschiede von mindestens 100 Grad Celsius oder deutlich mehr hat, und die hat man im Meer nirgendwo.

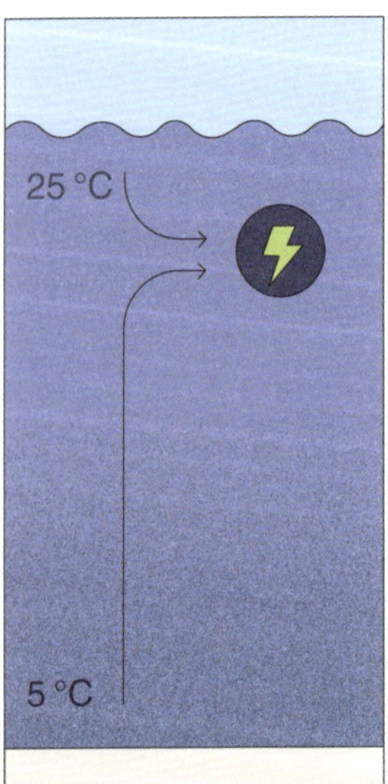

Den Temperaturunterschied zwischen Wasserschichten kann man zur Energiegewinnung nutzen.

Eine Differenz von 20 bis 25 Grad Celsius dagegen gibt es in einigen wenigen sehr warmen Gegenden, zum Beispiel im Pazifik rund um Hawaii. Auch wenn die Temperaturdifferenz vergleichsweise klein ist, hat man dort zumindest große Mengen an Wasser. Deshalb hat man auf Hawaii viele Jahre mit solchen Anlagen experimentiert, allerdings mit mäßigem Erfolg und sehr wenig Ertrag. Das Schwierige bei diesem Konzept ist, dass das Meer über den Verlauf eines Jahres eine sehr ungemütliche Gegend mit teilweise heftigen Stürmen sein kann und ein solches Kraftwerk jedem Wetter trotzen muss. Jede Anlage muss einen Jahrhundertsturm überstehen können.

Abgesehen von ganz wenigen Gegenden auf der Welt gibt es für diese Idee kein Potenzial, insbesondere in der Ost- und Nordsee ist kein Ertrag möglich.

Meeresströmungskraftwerk

Weltweit gibt es verschiedene Meeresströmungen. Ein Beispiel ist der Golfstrom, bei dem Wasser nahe an der Oberfläche von der Karibik Richtung Nordpolarmeer fließt. Die damit verbundene Energiemenge durch die Bewegung des Wassers ist beim Golfstrom zwar gigantisch groß, aber es gibt bei der Nutzung dieser Energie ein Problem: Würden wir sie in großem Stil nutzen, dann würde der Golfstrom abgebremst, mit voraussichtlich katastrophalen Auswirkungen auf das Klima Europas.

Mit „Windrädern" unter Wasser kann man aus der Strömung Energie produzieren, wenn die Strömung stark genug ist.

Abgesehen davon: Rechnet man nach und schätzt ab, wie viel Energie aus dem Golfstrom realistischerweise nutzbar wäre, dann ergibt sich etwa für die USA ein Beitrag von bis zu fünf Prozent des derzeitigen Strombedarfs. Nicht wenig, aber auch nicht richtig viel. Und es gibt nicht viele solcher Meeresströme. Gibraltar wäre noch ein möglicher Standort, weil ständig Wasser aus dem Atlantik ins Mittelmeer strömt, aber auch in diesem Fall würde der Ertrag nur einen kleinen Teil des Bedarfs von Spanien decken.

Weltweit sind also nur wenige Standorte vorhanden mit einem sehr überschaubaren Beitrag, aber einem hohen Risiko für das Klima, und für Deutschland ergibt sich gar kein Potenzial.

Depressionskraftwerk

Wenn im eigenen Land eine Wüstengegend existiert, die unterhalb des Meeresspiegels liegt, kann man eine Wasserleitung vom Meer dorthin legen und durch das Gefälle wie bei einem Speicherseekraftwerk in den Bergen Energie erzeugen. Das Wasser lässt man einfach in der Wüste verdunsten. Leider gibt es extrem wenige geeignete Standorte. Das Tote Meer ist dabei der interessanteste, weil der Salzsee wegen des ausbleibenden Nachschubs durch den Fluss Jordan jedes Jahr knapp einen Meter Höhe verliert und irgendwann komplett ausgetrocknet sein wird. Möchte man das Tote Meer retten, könnte man Wasser aus dem Roten Meer zufließen lassen, und solche Pläne werden diskutiert. Da das Tote Meer 400 Meter unter dem Meeresspiegel liegt, wäre die Kombination mit einem Depressionskraftwerk eine naheliegende Idee. Aber der Ertrag wäre mit 0,5 Gigawatt, also so viel, wie ein halbes Kohlekraftwerk leistet, selbst für Israel und Jordanien überschaubar, und weitere Standorte gibt es weltweit extrem wenige. Für Deutschland ergibt sich wieder gar kein Potenzial.

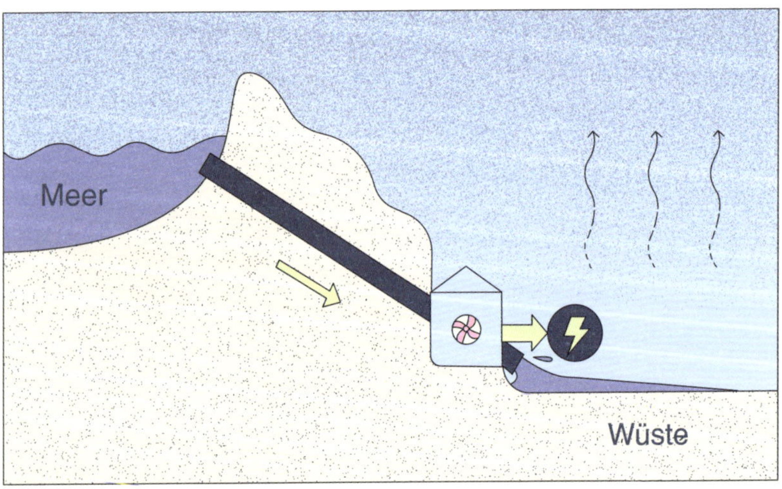

Wenn eine Wüste unter dem Meeresspiegel liegt, kann man mit einem Depressionskraftwerk Energie produzieren.

Osmosekraftwerk

Ziemlich ungewöhnlich ist die Idee eines Osmosekraftwerks. Durch eine Membran trennt man salzhaltiges Wasser von Süßwasser, und es entsteht ein Druckgefälle zwischen den beiden Seiten. Diesen sogenannten osmotischen Druck kann man nutzen, um elektrische Energie zu gewinnen, wenn man das Süßwasser durch die spezielle Membran zum Salzwasser fließen lässt. Mit dieser Idee sind alle Flüsse, die irgendwo ins Meer fließen, Kandidaten für ein Osmosekraftwerk.

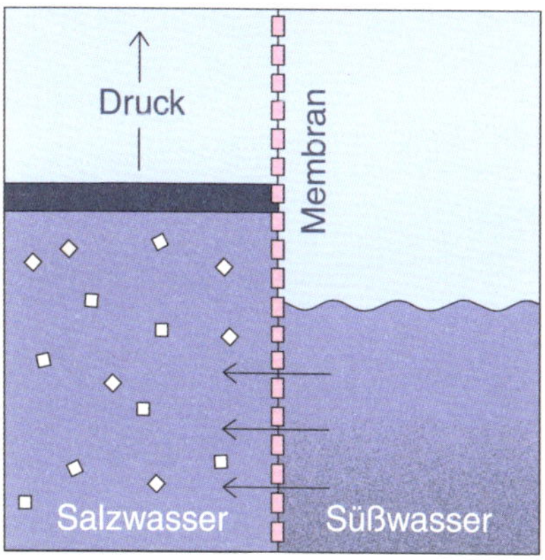

Den Druckunterschied zwischen Salz- und Süßwasser, die mit einer Membran voneinander getrennt sind, kann man zur Energiegewinnung nutzen.

Die meisten Flüsse scheiden aber sofort wieder aus, denn das Wasser muss sehr klar und sauber sein, sonst verstopft die Membran innerhalb von Sekunden. Übrig bleiben zum Beispiel Flüsse in Norwegen. Dort hat man auch einige Jahre ambitioniert an dieser Möglichkeit der Energiegewinnung geforscht, aber es ist sehr schwierig zu gewährleisten, dass die Membran großflächig ihre Arbeit verrichtet und gleichzeitig nicht reißt oder kaputtgeht. Und man kann natürlich immer nur einen Teil des Flusswassers nutzen. Wie sonst sollen Schiffe, Tiere und Pflanzen vom Meer in die Flüsse kommen und umgekehrt?

Nachdem klar wurde, dass ein wirtschaftlicher Betrieb solcher Anlagen nicht möglich sein würde, hat man die Projekte in Norwegen wieder eingestellt. In Deutschland gibt es für Osmosekraftwerke als einzig möglichen Standort die Elbmündung, allerdings mit einem maximalen Potenzial von 0,05 Gigawatt, das heißt, so viel wie ein Zwanzigstel eines Kohlekraftwerks. Umgerechnet auf unsere Einheit wären das 0,01 Kilowattstunden pro Tag und Person. Lassen Sie uns also mit gutem Gewissen ein Potenzial von null für Osmosekraftwerke in Deutschland annehmen.

Aufwindkraftwerk

Das Aufwindkraftwerk ist eine interessante Abwandlung eines Sonnenkraftwerks und damit eine Alternative zu Solarthermie oder Fotovoltaik. Man kann in einer sonnenreichen Gegend eine große Fläche wie ein Gewächshaus überdachen und in die Mitte einen großen Kamin stellen. Angenommen, man baut sehr groß, dann hat der Kamin eine Höhe von bis zu 1500 Metern, und um den Turm herum wird eine Fläche von bis zu 10 Kilometern Durchmesser überdacht. Durch die Sonneneinstrahlung wird die Luft unter der Überdachung erhitzt, strömt zum Kamin und dann im Kamin mit hohen Geschwindigkeiten nach oben. In den Kamin wird eine riesige Turbine installiert, die durch die aufsteigende Luft in Drehung versetzt wird und Strom erzeugt.

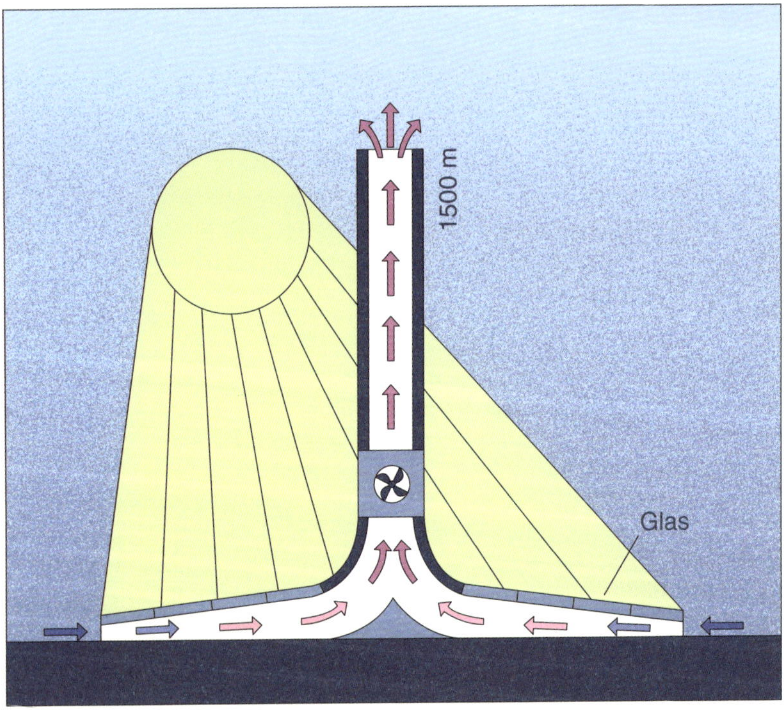

Ein Aufwindkraftwerk nutzt wie die Solarthermie oder die Fotovoltaik die Sonnenenergie.

Bezogen auf die überdachte Fläche hat man zwar einen geringeren Ertrag, als wenn dort Fotovoltaik installiert wäre, aber vielleicht könnte diese Technik kostengünstig Strom produzieren. Ein großer Vorteil ist, dass der Boden als gewaltiger Wärmespeicher dient und ein Aufwindkraftwerk auch noch Stunden nach Sonnenuntergang Energie produzieren kann, während die Fotovoltaik dann schon „schläft". Neben dem geringeren Wirkungsgrad ist der Nachteil allerdings, dass die überdachte Fläche quasi unbelebt sein würde, wobei das in mancher Wüstengegend womöglich nicht allzu problematisch wäre.

Ein Aufwindkraftwerk ist also ein Sonnenkraftwerk, wie etwa die Fotovoltaik, allerdings mit schlechterem Wirkungsgrad. Wir haben hier keine neue Energiequelle, sondern nur eine andere Technik, und unsere Überlegungen zur Sonnenkraft ändern sich dadurch nicht. In Deutschland gibt es zudem keine geeigneten Standorte für Aufwindkraftwerke.

Flugwindkraftwerk

Anstatt nur im Herbst einen vergleichsweise kleinen Drachen steigen zu lassen, kann man auch ganzjährig einen großen Drachen an einer sehr langen Schnur steigen lassen und damit Energie gewinnen. Man spricht dann von einer Flugwindkraftanlage. Die Schnur des Drachens kann viele Hundert Meter lang sein, und entweder wird die Energieerzeugungsanlage, bestehend aus Propellern und Generatoren, in der Luft gehalten und der Strom wird über die Schnur nach unten geleitet, oder man belässt den Generator am Boden und nutzt den Zug an der Schnur für die Energiegewinnung. Der erste Vorteil gegenüber traditionellen Windrädern besteht darin, dass viel weniger Material verbaut werden muss. Und der zweite Vorteil ist, dass die Drachen in große Höhen steigen können, in denen die Windgeschwindigkeiten deutlich höher sind. Problematisch ist allerdings, dass garantiert sein muss, dass die Flugwindkraftanlage niemals abstürzt, was eine enorm geringe Fehlerquote erforderlich macht.

Ähnlich wie bei Aufwindkraftwerken ist dieses Konzept eine alternative Technik für eine schon genutzte Energiequelle, nämlich den Wind. Von allen Beispielen in diesem Kapitel ist das Konzept des Flugwindkraftwerks vermutlich dasjenige mit dem größten Potenzial. Der Nachweis aber, dass das Konzept zuverlässig funktioniert und hinsichtlich der Kosten mit klassischer Windkraft konkurrieren kann, steht noch aus. Große Namen wie Google haben sich zeitweise engagiert und viel Geld in die Entwicklung gesteckt, sind aber mittlerweile wieder ausgestiegen. Schauen wir, was die Zukunft bringt. Klar ist aber, dass man für einen hohen Energiebeitrag auch eine hohe Zahl solcher Anlagen benötigt. Neues Potenzial würde man dadurch in Deutschland nicht erschließen, sondern nur eine schon bestehende Technik ersetzen. Durch diese Idee ändert sich unsere ursprüngliche Potenzialabschätzung zur Windkraft also nicht.

Es gibt noch eine Idee für die Nutzung der Windkraft, nämlich Pfosten, die im Wind vibrieren. Das weckt natürlich gleich die Hoffnung, dass dadurch ganz einfach die dreiflügeligen Windräder ersetzt werden könnten. Die Pfosten wären optisch viel eleganter. Insgesamt stellt sich aber vor allem die Frage, wie effizient, wie laut und ob die bestehenden kleinen Testanlagen skalierbar sind, also ob sie jemals technisch nutzbar sein werden. Man müsste die Pfosten für denselben Ertrag viel enger stellen als die Windräder in heutigen Windkraftanlagen, bräuchte also deutlich mehr davon. Und auch hier würde man im besten Fall nur bestehende Technik ersetzen und kein neues Potenzial für Energiegewinnung erschließen.

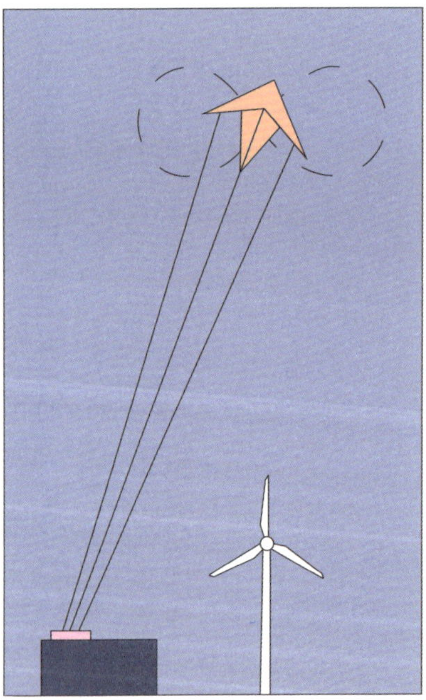

Flugwindkraftwerke nutzen ebenfalls die Windenergie, nur anders als ein klassisches Windrad.

Schließen wir damit die Liste der alternativen Ideen zur nachhaltigen Energieerzeugung ab. Die Beispiele, die wir genannt haben, sind eine Auswahl der wichtigsten Konzepte aus dieser Kategorie und sicher nicht vollständig. Was ist aber nun die Schlussfolgerung aus all diesen Beispielen?

Neue Energiequellen gibt es nicht – nur neue Technik

In der Einleitung dieses Kapitels haben wir uns die Frage gestellt, ob es nicht noch andere erneuerbare Energiequellen geben könnte, die wir anstelle der vielen Wind- und Sonnenkraftwerke verwenden könnten. Die enttäuschende und kurze Antwort lautet leider: Nein, es gibt keine weiteren erneuerbaren Quellen, die nennenswert viel Energie liefern könnten, weil man Energie nicht erfinden kann!

In der Geschichte der Menschheit ist alles Mögliche erfunden worden, auch neue Technologien für die Nutzung bekannter Energiequellen wie Wind und Sonne, etwa der fotoelektrische Effekt, den wir in der Fotovoltaik nutzen. Aber noch nie wurde Energie erfunden. Manchmal ist es gelungen, ganz neue Energiequellen „anzuzapfen“, zum Beispiel durch die Kernspaltung. Aber andere neue Energiequellen gibt es auf der Erde nicht und auch kein Perpetuum mobile. Energie kann nicht aus dem Nichts erzeugt werden, sondern nur aus anderen Quellen umgewandelt werden, etwa aus Sonnen- oder Erdwärme oder aus Atomkernen. Auch die Kernfusion ist keine neue Energiequelle, sondern eine noch nicht einsatzbereite neue Technik, um Energie aus Atomkernen zu generieren.

Wenn jemand von einer revolutionären neuen Idee spricht, sollten Sie sich also immer zuerst überlegen, welche Energiequelle dahintersteckt. Ist es vielleicht doch Sonnenenergie oder Wellenkraft oder Wind? Und wenn ja, ist die neue Technik deutlich effizienter oder deutlich günstiger als die bestehenden? So oder so brauchen wir bei unseren Beispielen auch mit neuer Technik viele Anlagen für einen nennenswerten Beitrag. Man kann nun einmal aus einem Quadratmeter sonnenbeschienener Fläche nicht mehr Energie herausholen, als an Sonnenlicht dort ankommt – egal, welche Technik man einsetzt. Die erneuerbaren Energien müssen leider alle mit geringen Energiedichten auskommen, also Energie verteilt auf große Flächen, und das bedeutet immer viele, viele Anlagen. Und für spezielle Konzepte wie Osmose- oder Meeresströmungskraftwerke gibt es weltweit kaum Standorte.

Wenn jemand trotzdem von einer völlig neuen, revolutionären Energiequelle spricht, dann ist es wahrscheinlich, dass er das Thema Energie und wo sie herkommt einfach selbst nicht richtig verstanden hat. Oder er will Ihnen einen Bären aufbinden, womöglich mit finanziellem Interesse.

Trotz vieler Ideen ist weit und breit keine UEQ (unbekannte Energie-Quelle) in Sicht. Wir kennen also unsere Optionen: Wind und Sonne gewinnen das Rennen. Abgeschlagen dahinter kommen Biomasse, Geothermie und Wasser. Erkennen Sie die Fahrradfahrer aus den Kapiteln wieder?

Zu unserer Bilanz kommt also in der Tat nichts mehr hinzu. Wir haben in diesem Buch alle erneuerbaren Quellen besprochen, mehr gibt es nicht. Rechnen wir all diese Quellen zusammen, kommen wir für Deutschland insgesamt auf **89 Kilowattstunden pro Person und Tag, also 89 Fahrradfahrer für jeden**, und liegen damit nur knapp über unserem augenblicklichen Endenergieverbrauch von 85 Kilowattstunden pro Person und Tag.

Aber was bedeuten unsere Betrachtungen jetzt? Bevor wir die Ergebnisse unserer Abschätzung diskutieren, wollen wir noch über Energiespeicher sprechen, ohne die eine Energiewende kaum möglich sein wird. Und dann auch noch über Atomkraft und Kernfusion und ob diese Techniken nicht zumindest ein Teil der Lösung unserer Energieprobleme sein könnten.

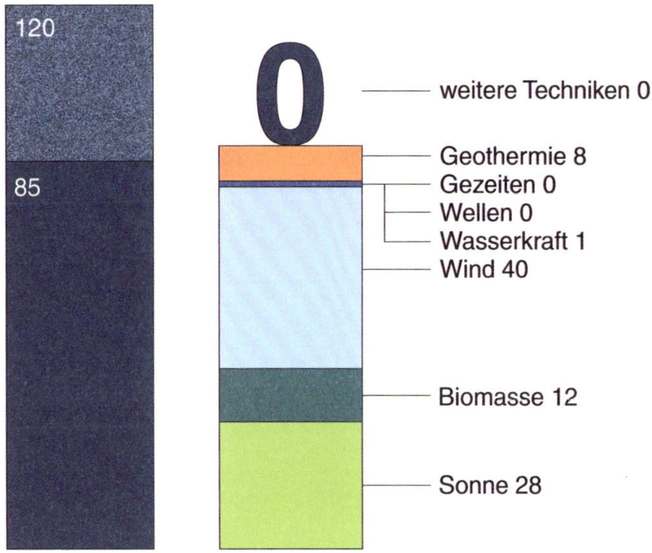

In Deutschland gibt es keine weiteren nennenswerten erneuerbaren Energiequellen. Zum Abschluss unserer Abschätzungen ergibt sich trotz der vielen Ideen kein weiterer Beitrag zu unserer Bilanz. Die in der Deutschlandkarte dargestellten Flächen, die wir in unserem Gedankenexperiment zur Energieerzeugung benötigen würden, verändern sich daher auch nicht.

Energie-
speicher

Bei allen Gedanken, die wir uns bisher über erneuerbare Energien gemacht haben, ist ein Aspekt etwas untergegangen. Viele erneuerbare Energien, vor allem Wind- und Sonnenenergie, haben einen gravierenden Nachteil: Die Produktion hängt vom Wetter ab und schwankt mitunter stark. Wir haben bisher so getan, als ob die Energie bei Bedarf immer zur Verfügung stehen würde – aber das stimmt nicht. Eine stabile Energieversorgung aus erneuerbaren Quellen ist daher eine große technische Herausforderung, und es stellt sich die Frage: Geht das überhaupt?

Konzepte zum Umgang mit Schwankungen

Es gibt mehrere Strategien, um mit den Schwankungen umzugehen. Eine Idee ist, dass wir Engpässe über riesige geografische Distanzen ausgleichen, zum Beispiel über ganz Europa und womöglich Nordafrika. Irgendwo scheint immer die Sonne oder weht der Wind. Aber dafür wären viele Stromleitungen nötig, und das ist politisch und technisch eine große Herausforderung. Zudem müssten die erneuerbaren Energien in allen Regionen so stark ausgebaut sein, dass es überhaupt Überschüsse gibt, die verteilt werden können, und das wird noch viele Jahre dauern.

Eine andere Idee ist, den Energieverbrauch an die schwankende Produktion anzugleichen, also energieintensive Prozesse in der Industrie immer dann laufen zu lassen, wenn gerade viel Energie zur Verfügung steht. Das jedoch ist nur begrenzt möglich, denn viele Prozesse können nur um Stunden, aber nicht um Tage aufgeschoben werden, und vieles kann überhaupt nicht verschoben werden, etwa der Stromverbrauch für eine Zugfahrt von München nach Stuttgart.

Selbst mit einer Kombination der beiden Strategien ist es kaum möglich, die Schwankungen der erneuerbaren Energien völlig auszugleichen. Wir werden also zusätzlich noch etwas anderes benötigen – nämlich die Möglichkeit, Wärme und Strom für Wochen oder sogar Monate zu speichern. Dazu benötigen wir leistungsfähige Energiespeicher. Aber gibt es solche Speicher heute schon? Was kosten sie, und wie viel Platz nehmen sie ein? In diesem Kapitel wollen wir uns einen kleinen Überblick über die technischen Möglichkeiten der Energiespeicherung verschaffen.

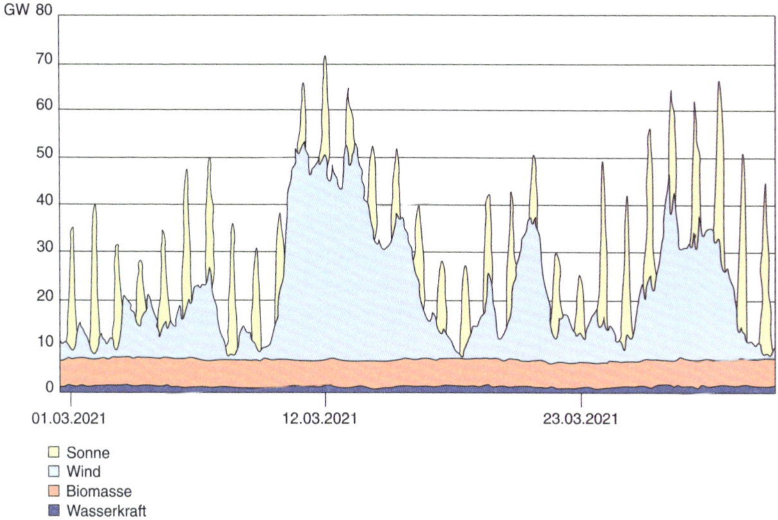

Die Stromproduktion aus erneuerbaren Energien in Deutschland im März 2021. Am 12. März wurden mittags 70 GW erreicht, also die Strommenge von 70 Kohlekraftwerken, womit der gesamte Strombedarf von Deutschland gedeckt war. Dafür waren es nachts am 18. März nur 10 GW, die Schwankungen sind also enorm. Während Wasserkraft und Biomasse rund um die Uhr konstant Strom produzieren, variiert der Windstrom im Verlauf eines Monats und der Sonnenstrom vor allem im Tagesrhythmus stark.

Speichertechnologien

Erdöl, Erdgas, Kohle

Vielleicht sind Sie überrascht, dass wir hier die fossilen Brennstoffe nennen. Aber im Grunde handelt es sich auch bei ihnen um Energiespeicher, nämlich um uralte gespeicherte Sonnenenergie, die von Pflanzen eingefangen und chemisch gespeichert wurde. Ihre Energiedichte ist extrem hoch, wir haben also viel Energie auf wenig Raum. Und die fossilen Energien sind zudem noch ziemlich billig, wenn man die Folgekosten nicht berücksichtigt. Deswegen sind Benzin, Öl und Gas auch so schwer zu ersetzen. Es gibt aber, wie wir wissen, entscheidende Nachteile: Durch ihre Verbrennung wird viel gebundenes CO_2 frei und belastet die Atmosphäre. In der Tat ist dies der Hauptgrund für unseren Klimawandel. Außerdem sind die fossilen Energiespeicher endlich, auch wenn sie noch für viele Jahrzehnte reichen, Kohle sogar noch länger.

Batterien

Batterien sind die klassischen Stromspeicher. Es gibt sie in vielen Varianten, zum Beispiel als Lithium-Ionen-, Lithium-Polymer-, Nickel-Kadmium-, Nickel-Metallhydrid-, Blei-Säure-, Natrium-Schwefel- oder Redox-Flow-Batterien. Wir kennen diese Batterien aus unserem Alltag, denn sie werden hauptsächlich als Akkus bei mobilen Geräten eingesetzt, weil sie dort alternativlos sind. Moderne Lithium-Ionen-Akkus finden sich in Mobiltelefonen oder in E-Autos, allerdings in ziemlich unterschiedlicher Größe. Der Akku eines E-Autos kann 10 000 Mal mehr Energie speichern als ein Handy-Akku. Als Energiespeicher für Strom sind Batterien allerdings ziemlich teuer. Die Kosten pro Kilowattstunde Ladekapazität sind recht hoch und deshalb nur wirtschaftlich bei vielen Lade-/Entladezyklen pro Jahr. Batterien sind deshalb geeignet, um im Tagesverlauf Schwankungen der Stromnachfrage und des Angebots auszugleichen. Aber Batterien sind zu teuer, um Energie über Wochen oder Monate zu speichern.

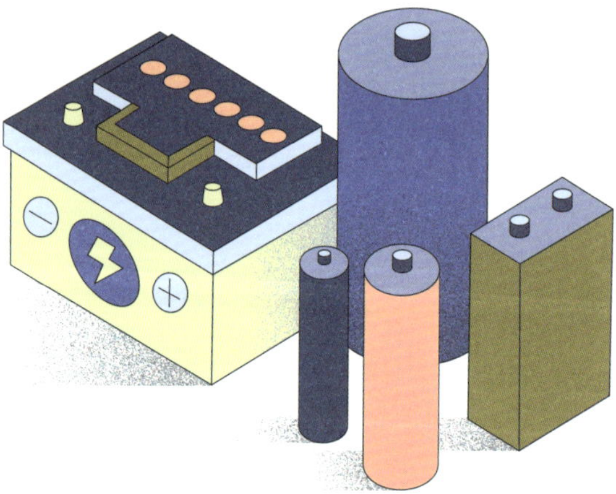

Batterien kennen wir aus unserem Alltag. Es gibt sie in unterschiedlichen Größen und Formen.

Pumpspeicherkraftwerke

Die klassischen Speicher für große Strommengen sind heutzutage Pumpspeicherkraftwerke. Diese haben wir schon im Kapitel „Wasserkraft“ kennengelernt. Zwei Seen, die örtlich nahe beieinander, aber auf unterschiedlichen Höhen liegen, werden durch Rohre und Turbinen miteinander verbunden. In Zeiten mit überschüssigem Strom im Netz pumpt man Wasser von unten nach oben. Und in Zeiten, in denen man Energie benötigt, lässt man das Wasser von oben nach unten laufen und gewinnt elektrische Energie. Pumpspeicherkraftwerke sind ziemlich effizient, von der eingespeicherten Energie bekommt man grob drei Viertel wieder zurück.

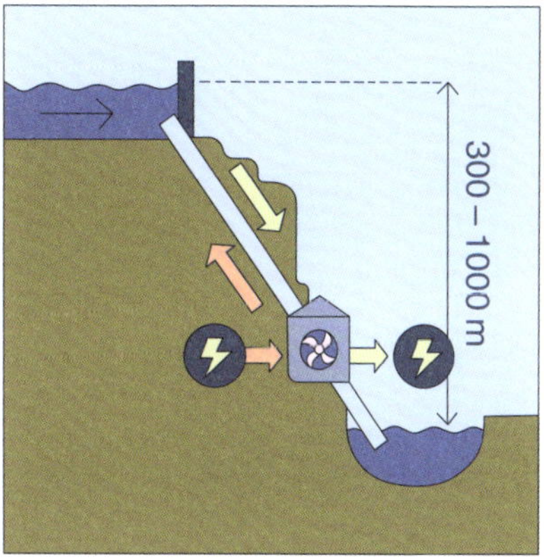

Das Pumpspeicherkraftwerk ist ein klassischer Energiespeicher.

Allerdings sind diese Kraftwerke großtechnische Anlagen mit substanziellem Eingriff in die Landschaft, und es gibt nicht viele geeignete Standorte. Deswegen ist es schwierig, neue Pumpspeicherkraftwerke zu bauen. Die Kapazität in ganz Deutschland reicht bisher nur, um die Stromversorgung für wenige Stunden zu stabilisieren.

An einer abgewandelten Methode, die mit demselben Prinzip arbeitet, wird momentan geforscht. Hierzu werden hohle Betonkugeln im Meer versenkt. Man gewinnt Energie, indem man Wasser über eine Turbine in die Kugeln lässt. Ist Stromüberschuss vorhanden, wird unter Aufwendung von Energie das Wasser wieder herausgepumpt. Die Speicherkapazität dieser Kugeln ist genauso groß wie die eines Pumpspeichersees mit demselben Wasservolumen. Und die Meerestiefe, in der die Kugeln liegen, entspricht der Höhendifferenz zwischen oberem und unterem Speichersee. Man benötigt also ziemlich viele Kugeln, aber dafür wird die Landschaft nicht verbaut.

Andere mechanische Speicher

Ein neues Konzept, das gerade erprobt wird, sind **Kranspeicher:** Betonklötze werden um einen Kran herum auf- und abgebaut. Der Speicher ist aufgeladen, wenn die Betonklötze in engem Radius hoch übereinandergestapelt sind, und er ist entladen, wenn die Betonklötze in großem Radius niedrig übereinanderliegen. Zum Hochheben der Klötze benötigt man einen Elektromotor, der Energie verbraucht. Beim Herablassen der Klötze wird diese Energie wieder freigesetzt, weil der Motor dann als Generator verwendet wird und Strom produziert.

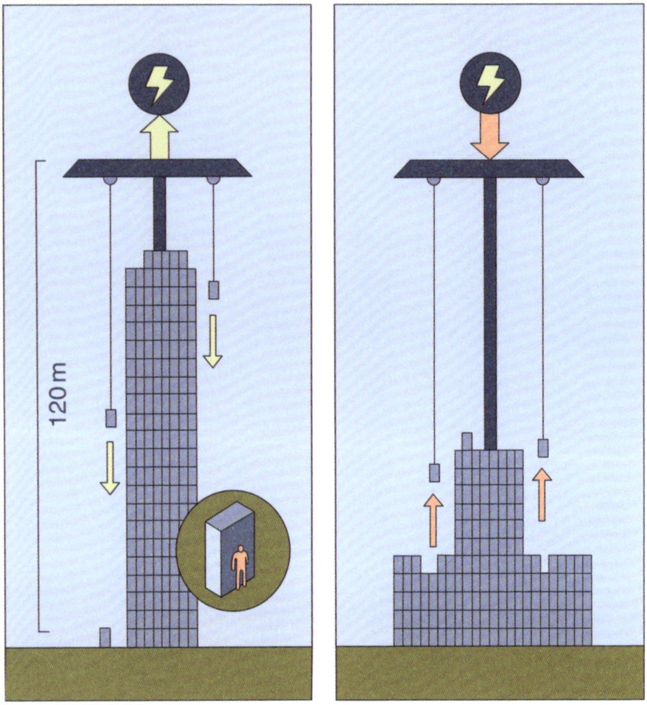

Kranspeicher: Links wird Energie entnommen, rechts wird Energie eingespeichert.

Für eine große Speicherkapazität benötigt man allerdings viele Tausend solcher Kranspeicher, die dann recht dominant in der Umgebung stehen würden, denn ein einzelner solcher Speicher kann nur so viel Energie aufnehmen, wie ein großes Windrad an einem Tag produziert. Andererseits gibt es viele mögliche Standorte für Kranspeicher.

Schon seit vielen Jahren sind **Druckluftspeicher** im Einsatz: Luft wird unter Energieeinsatz stark verdichtet und unterirdisch in Kavernen gespeichert. Mit der Druckluft kann dann eine Turbine betrieben werden, die Energie gewinnt. Allerdings ist der Wirkungsgrad gering, denn beim Verdichten wird die Luft sehr warm, und diese Wärme geht normalerweise ungenutzt verloren. Zudem gibt es für diese Technik noch weniger potenzielle Standorte als für Pumpspeicherkraftwerke. Der Vorteil allerdings ist, dass der sichtbare Teil der Anlage über der Erde sehr klein ist.

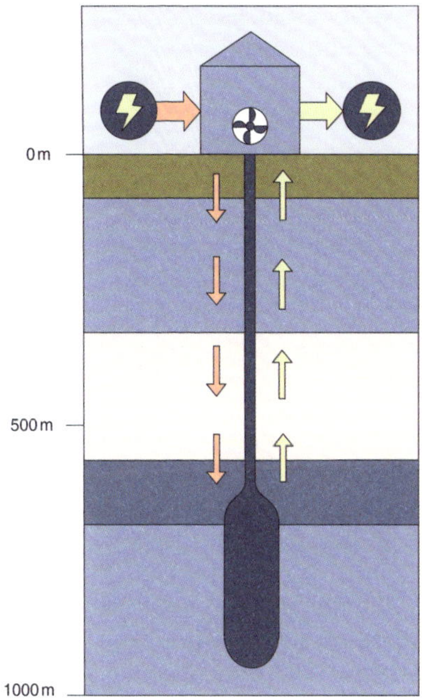

Druckluftspeicher: Luft wird unter hohem Druck in große unterirdische Kavernen gepresst. Bei Bedarf kann man die Luft wieder entweichen lassen und Energie produzieren.

Wärmespeicher

Wärme können wir leider nicht so flexibel zur Energiegewinnung einsetzen und nicht so einfach über weite Strecken verteilen wie Strom. Je höher die Temperatur allerdings ist, desto mehr können wir die Wärme nutzen und sie unter anderem in Strom umwandeln, auch wenn dabei Verluste entstehen.

Mittel- und Hochtemperaturspeicher speichern Temperaturen im Bereich von 120 bis 1300 Grad Celsius in unterschiedlichen Materialien wie etwa Salzen oder Feststoffen. In solarthermischen Kraftwerken in der Wüste zum Beispiel dienen solche Speicher dem Zweck, nach Sonnenuntergang noch für einige Stunden Strom zu produzieren. Solche Anlagen können aber nicht in einem Ein- oder Mehrfamilienhaus eingebaut werden, es handelt sich um großtechnische Anlagen.

Niedertemperatur- und Latentwärmespeicher basieren auf folgendem Prinzip: Man kann Wasser im Sommer recht einfach mit Solarmodulen auf bis zu 90 Grad Celsius erhitzen und in einem großen Tank speichern. Im Winter kann man damit dann angeschlossene Häuser mit Wärme versorgen oder ein Fernwärmenetz bedienen. Allerdings müssen diese Tanks sehr gut isoliert sein, damit die Wärme über mehrere Monate gespeichert bleibt, daher lohnt sich dies nur für große Speicher, die ganze Wohngegenden versorgen.

Man kann anstatt Wasser aber auch andere Materialien wie etwa Paraffin als Wärmespeicher nutzen. Sie haben einen Vorteil: Ihr Phasenübergang von fest zu flüssig liegt nicht bei 0 Grad Celsius wie bei

Wasser, sondern im Falle von Paraffin bei 70 Grad. Für das Verflüssigen eines solchen Materials muss nämlich viel Energie aufgewendet werden, ohne dass die Temperatur dabei groß ansteigt. Umgekehrt kann man dann wiederum viel Energie aus dem Material entnehmen, wenn es erneut fest wird, ohne dass die Temperatur stark sinkt. Man kann im Fall von Paraffin also viel Energie bei einem konstanten Temperaturniveau von 70 Grad Celsius einspeichern und wieder entnehmen. Das ist hilfreich, wenn man im Winter ein Haus heizen möchte. Man spricht hier von einem **Latentwärmespeicher**.

Power-to-Gas

Ein Konzept zur Energiespeicherung, das heutzutage in aller Munde ist, ist **Power-to-Gas**, womit so etwas wie „Aus Strom mach Gas" gemeint ist. Aus Wasser kann man durch das Verfahren der Elektrolyse nämlich Wasserstoff gewinnen. Dabei wird unter Einsatz von Strom der Wasserstoff von Sauerstoff getrennt. Wasserstoff kann später mit Sauerstoff aus der Umgebungsluft erneut zu Wasser reagieren und dabei die vorher aufgewendete Energie zum Teil wieder abgeben. Der Wirkungsgrad des ganzen Kreislaufs von Strom zu Wasserstoff und wieder zu Strom ist niedriger als bei anderen Speichertechnologien (deutlich unter 50 Prozent), allerdings können mit dieser Technik extrem große Energiemengen gespeichert werden, und das Gas kann recht einfach überallhin transportiert werden.

Deshalb wird Power-to-Gas in der fernen Zukunft mit großer Wahrscheinlichkeit eine tragende Rolle für die Speicherung über Zeiträume von mehr als einem Tag spielen. In naher Zukunft allerdings wird die Rückverstromung kaum eine Rolle spielen: Die Industrie benötigt Wasserstoff in großem Umfang für chemische Prozesse, zum Beispiel bei der Stahlproduktion. Bisher wird dieser Wasserstoff unter Einsatz von fossilem Erdgas gewonnen. Es werden sicherlich noch viele Jahre ins Land gehen, bis die Produktionskapazitäten von Power-to-Gas diesen Bedarf decken können, und erst danach macht die Rückverstromung Sinn, also der Einsatz von Power-to-Gas als Energiespeicher.

Auch für unsere Mobilität kann Wasserstoff direkt genutzt werden, etwa für Brennstoffzellen in Pkw, Nutzfahrzeugen und Flugzeugen. Bei normalen Pkw ist der Einsatz allerdings sehr fraglich, denn aufgrund des geringen Wirkungsgrads muss dreimal mehr Strom für dieselbe Reichweite eingesetzt werden als bei batteriebetriebenen E-Autos. Nur da, wo aufgrund des Gewichts und der Reichweite Batterien nicht sinnvoll sind, ist Wasserstoff eine gute Alternative. Die Berücksichtigung des Ressourcenaufwands für die Herstellung von Batterien ändert an dieser Ausgangslage leider wenig.

In Zukunft sind weitere Anwendungen denkbar: In einem zweiten Verarbeitungsschritt kann man nämlich aus Wasserstoff unter Beigabe von CO_2 Methan (also sogenanntes „grünes Gas") erzeugen. Hierbei ist momentan noch die Bereitstellung des CO_2 im großen Maßstab schwierig, weil es abgesehen von Einzelquellen wie Brauereien, Zementfabriken, Biogasanlagen und fossilen Kraftwerken unter hohem Energieaufwand aus der Luft gewonnen werden müsste, was den Gesamtwirkungsgrad deutlich reduzieren würde.

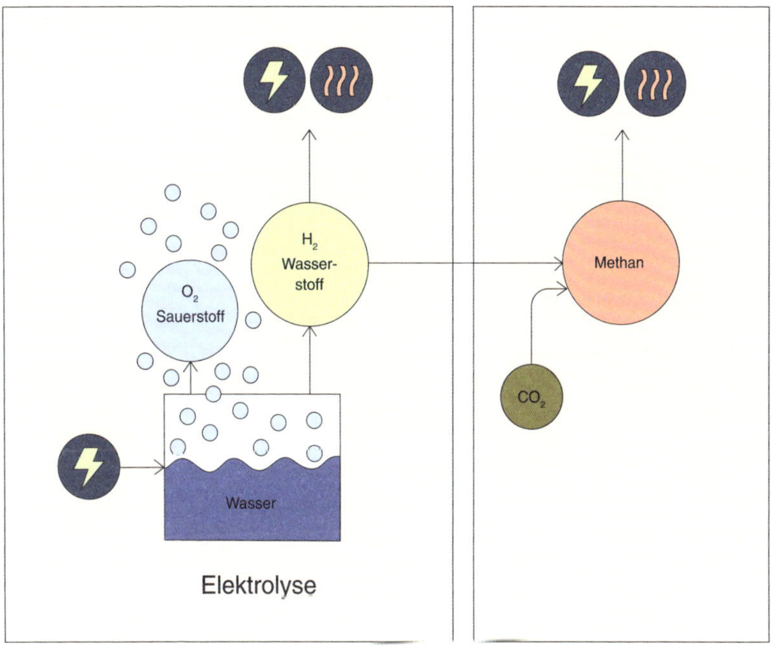

Im ersten Schritt (links) wird mit Strom durch Elektrolyse Wasserstoff produziert, den man energetisch nutzen oder in einem zweiten Schritt (rechts) in Methan (sogenanntes „grünes Gas") umwandeln kann.

Anstatt in Methan kann man Wasserstoff auch chemisch zu Methanol oder anderen flüssigen organischen Verbindungen binden, also „grüne Treibstoffe" produzieren. Man spricht dann von E-Fuels, Elektro-Kraftstoffen, da sie mithilfe von Strom synthetisch hergestellt werden. Diese sind für den Flugverkehr sehr interessant. Theoretisch könnte man damit aber ebenso ein normales Verbrennerauto betreiben. Hier ist die Effizienz der gesamten Produktionskette von Strom zu Wasserstoff und dann zu Methanol allerdings noch schlechter als beim Wasserstoffauto.

Man benötigt rund fünfmal so viel Strom für dieselbe Reichweite wie bei einem batteriebetriebenen E-Auto. Außerdem müssen wir bedenken, dass E-Fuels noch in der Entwicklung sind und die Technik noch nicht großflächig verfügbar ist.

Weitere Speichertechnologien

Neben den von uns angesprochenen Speichern gibt es noch weitere Konzepte wie etwa **Superkondensatoren** und **Schwungradspeicher** für die Netzstabilisierung, die aber keine großen Speichervolumina haben. Unsere Liste ist also sicherlich nicht vollständig. Aber alle Speichertechnologien haben gemeinsam, dass man zum Laden des Speichers mehr Energie aufwenden muss, als man beim Entladen des Speichers wieder zurückbekommt. Wir haben gesehen, dass der Wirkungsgrad der verschiedenen Speicher ziemlich unterschiedlich ist.

Ausblick

Wir haben festgestellt, dass es einige etablierte Speichersysteme wie etwa Pumpspeicherkraftwerke gibt, deren Kapazitäten allerdings begrenzt sind. Daher wird an vielen Speichertechnologien intensiv geforscht, und wir können gespannt sein, was sich in diesem Bereich in den nächsten Jahren noch tun wird. Ein Beispiel sind die Lithium-Ionen-Akkus für E-Autos, die mit immer weniger Ressourcen und immer kleinerem Energieaufwand produziert werden und schon bald zu 100 Prozent recyclebar sein werden. Auch zu den Themen Wasserstoff und Power-to-Gas soll in Zukunft viel geforscht und in ihren Ausbau investiert werden.

Denn leistungsfähige Energiespeicher sind ein wichtiger Baustein für die Energiewende, und wir stecken mitten in einer Lernkurve zu ihrer Entwicklung und Verbesserung, was viel Aufmerksamkeit verlangt. Damit aber die Speicherproblematik nicht kurzfristig den Ausbau der erneuerbaren Energien bremst, wird man in einem ersten Schritt wohl vor allem Gaskraftwerke zur Verfügung stellen und immer dann einsetzen, wenn die erneuerbaren Energien in ihrer Leistung nicht reichen (bestehende Kohle- und Atomkraftwerke kommen für solch eine Strategie nicht infrage, da sie nicht so einfach flexibel eingesetzt werden können).

Perspektivisch könnte man die Gaskraftwerke dann in einem zweiten Schritt mit Biogas oder „grünem Wasserstoff“ – also mithilfe von Power-to-Gas-Technologie – betreiben. Aber dazu müssen wir erst in der Lage sein, genügend Biogas und Wasserstoff zu produzieren und zwischenzulagern.

Bei genauerer Betrachtung von Energiespeichern zeigt sich: Angesichts all der Möglichkeiten, die wir haben und die wir gerade entwickeln – Power-to-Gas, Gaskraftwerke, Wärmespeicher, Batterien, Pumpspeicher in Europa, Steuerung des Energieverbrauchs und Stromverteilung über weite Gebiete –, sind die Schwankungen von Wind und Sonne kein Grund, den Ausbau der erneuerbaren Energien zu verzögern.

Kernenergie – Kernspaltung und Kernfusion

Wir haben jetzt viel über erneuerbare Energien als Ersatz für fossile Brennstoffe gesprochen. Aber sind sie wirklich die einzigen CO_2-freien Energiequellen? Was ist mit der Kernkraft, über die seit Jahrzehnten immer wieder diskutiert wird, und zwar nicht nur über die bestehenden Reaktortypen, sondern auch über mögliche Kernkraftwerke der sogenannten „IV. Generation"? Und was ist mit Kernfusionsreaktoren? Könnten diese Techniken trotz aller Schwierigkeiten nicht unsere Energie- und Klimaprobleme lösen? Ist die Kernenergie möglicherweise eine gangbare Alternative zu den erneuerbaren Energien oder könnte diese zumindest gut ergänzen? Dieser Aspekt und die Tatsache, dass es sich bei der Kernkraft um eine CO_2-freie Energiequelle handelt, machen es aus unserer Sicht notwendig, dass wir im Folgenden etwas ausführlicher und möglichst vorurteilsfrei über sie sprechen, denn sie umweht häufig ein Hauch von Mysterium.

Wie viel Energie produzieren Atomkraftwerke weltweit?

Der erste zivil genutzte Kernreaktor zur großtechnischen Erzeugung von elektrischer Energie wurde 1954 in der Sowjetunion in Betrieb genommen. Seitdem wurden verschiedene Typen von Kernspaltungsreaktoren entwickelt. Wir haben es hier also mit einer „bewährten" Technologie zu tun, die weltweit eingesetzt wird. Heutzutage sind etwa 440 Kernreaktoren in Betrieb. Mit großem Abstand gibt es in den USA die meisten Anlagen, nämlich ungefähr 100, gefolgt von Frankreich mit ungefähr 50.

Insgesamt deckt Kernkraft etwas über zehn Prozent des weltweiten Strombedarfs ab. Allerdings sind die Anteile in den einzelnen Ländern sehr unterschiedlich. Eine Reihe von Ländern verzichtet generell auf die Nutzung von Kernenergie, in Europa etwa Italien, Österreich, Portugal und Dänemark. An der gesamten Energieversorgung, sprich dem weltweiten Primärenergiebedarf, hat Kernkraft einen Anteil von unter fünf Prozent. Für einen substanziellen Anteil an der Energieversorgung müsste sich die Zahl der Atomkraftwerke daher weltweit vervielfachen, das heißt um mehrere Tausend Kraftwerke steigen.

Um das Prinzip der Kernspaltung oder Kernfusion in Kraftwerken zu verstehen, müssen wir ausnahmsweise technisch ein wenig ausholen. Wenn Sie nicht an den technischen Details interessiert sind, überspringen Sie ruhig den nächsten Abschnitt.

Überblick über die Technik

Wie entsteht Energie bei Kernreaktionen?

In den Kernen von Atomen steckt Energie. Wir holen diese Energie aus der Bindungsenergie der Kernbausteine der Atome. Sie wird bei zwei ganz unterschiedlichen Kernreaktionen frei: entweder durch Kernspaltung von sehr großen Kernen, die schwerer als das Element Eisen sind, oder durch Kernfusion (also Verschmelzung) von sehr kleinen Kernen wie die des Elements Wasserstoff.

Bindungsenergie, die in den Atomkernen steckt, kann man anhand einer Metallfeder veranschaulichen: Drückt man die Feder zusammen, wird ihre Energie gespeichert und kann schlagartig wieder freigesetzt werden, wenn man die Feder loslässt. Ganz ähnlich kann mechanische Energie in der Bindung eines Skis gespeichert werden, die den Skischuh so lange festhält, bis sie bei einem Sturz spontan frei wird und sich der Ski vom Fuß lösen kann.

Wie funktionieren die meisten der heute betriebenen Kernkraftwerke?

Durch Spaltung von schweren Kernen wird deren Bindungsenergie frei, zum Beispiel bei der Spaltung von Uran-235-Atomkernen. Dies geschieht allerdings nicht unvermittelt, vielmehr muss bei einer typischen Kernspaltungsreaktion ein Neutron auf einen Uran-235-Atomkern treffen, der sich dadurch in einen Uran-236-Kern verwandelt. Dieser „angeregte" und nun schwerere Kern ist dann so instabil, dass er in Bruchteilen von Sekunden in zwei mittelschwere kleinere Kerne zerfällt. Bei jeder einzelnen Spaltung werden zwei oder drei Neutronen freigesetzt, die wiederum weitere Atomkerne spalten können – das nennt man Kettenreaktion. Die frei werdende Energie steckt in der Geschwindigkeit der Spaltprodukte und Neutronen und in der dabei frei werdenden elektromagnetischen Strahlung. Diese drei Energieanteile werden genutzt, um Wasser verdampfen zu lassen und mit dem Dampf Turbinen anzutreiben.

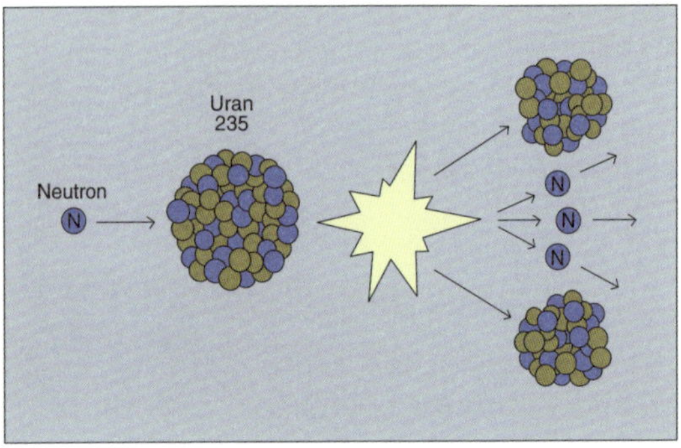

Bei der Spaltung von Urankernen in zwei kleinere Kerne wird viel Energie frei.

Es steckt extrem viel Energie in den Atomkernen. Bei der Spaltung eines Kilogramms Uran wird über eine Million Mal mehr Energie frei als bei der Verbrennung von einem Kilogramm Steinkohle. Diese große Energiemenge beruht darauf, dass in den Kernen viel größere Kräfte wirken, als wir sonst kennen. Die sogenannte starke Kraft ist die stärkste Kraft im Universum und hält die Kerne entgegen der elektrischen Abstoßung der positiv geladenen Protonen (bei Uran sind es immerhin 92) auf engstem Raum zusammen. Das ist einer der Gründe, warum die zivile Nutzung der Kernenergie im Laufe des 20. Jahrhunderts eine so große Bedeutung für die Gewinnung elektrischer Energie bekommen hat.

Das Herzstück eines Atomkraftwerks ist der Kernreaktor, in dem eine kontrollierte Kernspaltung stattfindet. In seinem zentralen Teil befindet sich der Reaktorkern, der aus Brennstäben besteht, in denen die eigentliche Kernspaltung erfolgt. Die Brennstäbe bestehen in den meisten Atomkraftwerken aus angereichertem Uran. Sie befinden sich in einem Druckbehälter, der entweder zum Teil oder ganz mit Wasser gefüllt ist. Das Wasser nimmt die frei werdende Energie auf, strömt von unten nach oben durch den Reaktorkern und führt dabei die Wärme ab, die durch die Kernspaltung in den Brennstäben frei wird. In einer Dampfturbine mit angeschlossenem Generator wird die Umwandlung von Kernenergie in elektrische Energie dann vollendet. Die Energie der gespaltenen Kerne wird zu Strom und kommt als solcher im Stromnetz an.

Und wie funktioniert die Kernfusion?

Die Technologie der Kernfusion hat – im Gegensatz zur Kernspaltung – das Ziel, Atomkerne leichter Elemente, vor allem die von Wasserstoff, zu verschmelzen. Denn bei der Fusion von leichten Kernen zu größeren wird ebenfalls Bindungsenergie frei. Die Sonne dient als Vorbild für die Energiefreisetzung durch Kernfusion, denn in ihrem Zentrum verschmelzen Wasserstoffatomkerne, das heißt Protonen, in mehreren Schritten zu Helium. Dabei wird extrem viel Energie frei: Die Fusion von einem Kilogramm Wasserstoff produziert über zehn Millionen Mal so viel Energie wie die Verbrennung von einem Kilogramm Steinkohle.

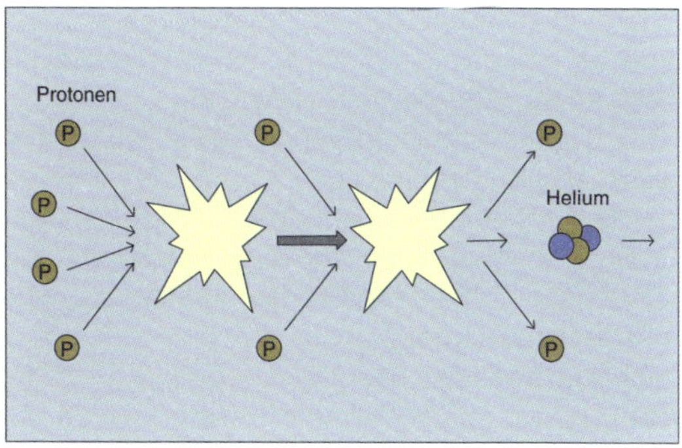

Ablauf der Kernfusion in der Sonne. Aus mehreren Wasserstoffprotonen entsteht Helium.

Anders als auf der Erde ist der Druck im Inneren der Sonne aufgrund ihrer großen Masse (sie ist 333 000 Mal schwerer als die Erde) so hoch, dass leichte Atomkerne, obwohl sich ihre gleich geladenen Protonen elektromagnetisch abstoßen, zu schwereren Kernen verschmelzen. Auf der Erde kann so hoher Druck nicht realisiert werden. Versuchen wir es über die Temperatur, muss sie in diesem Prozess zehnmal höher als in der Sonne sein, nämlich 150 Millionen Grad Celsius. Aber welches Material kann so hohe Temperaturen aushalten? Gar keines! Das Problem muss also anders gelöst werden. Aber wie?

Bei derart hohen Temperaturen besteht ein Gas nicht mehr aus neutralen Atomen mit Atomkern und Elektronenhülle, sondern nur noch aus wild durcheinanderschwirrenden geladenen Teilchen, nämlich aus positiv geladenen Ionen und den sehr viel leichteren und deshalb schnell beweglichen negativ geladenen Elektronen. Ein solches ionisiertes Gas wird Plasma genannt, und die elektrisch geladenen Teilchen reagieren im Gegensatz zu neutralen Atomen auf elektrische und magnetische Felder. Genau dieses Verhalten bietet die Möglichkeit, sehr heißes Plasma einzuschließen, und zwar in magnetischen Feldern. Denn die geladenen Ionen und Elektronen können sich zwar entlang der magnetischen Feldlinien frei bewegen, aber nicht im 90-Grad-Winkel zu ihnen. Man baut ihnen sozusagen einen Käfig aus Magnetfeldlinien.

Bevor es mit der Fusion losgehen kann, muss das Plasma aufgeheizt und die magnetischen Felder erzeugt werden. Dafür benötigt der Fusionsreaktor Energie. Wenn dann Dichte und Temperatur des Wasserstoffplasmas hoch genug sind, müssen im magnetischen Ringkäfig so viele Fusionsreaktionen stattfinden, dass mehr Energie frei wird, als zunächst eingesetzt werden musste.

So könnte ein Kreisprozess beginnen, bei dem ein Teil der frei werdenden Energie für den Reaktor verwendet und der Rest durch heißen Wasserdampf in Turbinen und Generatoren in elektrische Energie verwandelt wird. Allerdings ist es bis heute nicht gelungen, einen Fusionsreaktor mit magnetischem Einschluss dauerhaft erfolgreich zu betreiben. In den nächsten beiden Jahrzehnten soll es aber so weit sein: In Südfrankreich entsteht der Forschungsreaktor ITER (Internationaler Thermonuklearer Experimenteller Reaktor), der zum ersten Mal mehr Energie freisetzen soll, als in ihn hineingesteckt wird, was ihn allerdings noch lange nicht zu einem kommerziellen Fusionsreaktor macht.

Neben vielen anderen ungelösten Problemen eines Kernfusionsreaktors ist die Stabilität des Plasmas das größte. Immer wieder bricht es aus und schlägt durch auf die Wände. Es findet gewissermaßen die „Löcher" im magnetischen Käfig. Dabei kühlt das Plasma sofort ab und bricht zusammen – eine Fusionsreaktion ist damit nicht mehr möglich.

Sehr viel Forschungsarbeit der letzten 50 Jahre steckt in der Erzeugung eines über möglichst lange Zeit stabilen Plasmas. Ein geladenes Gas von Millionen Grad Celsius in einen Magnetkäfig einsperren zu wollen, ist ungefähr so, als ob man Tausende von Gewitterblitzen in einer wenige Meter großen Ringkammer zähmen wollen würde. Dieser Vergleich zeigt, welche technischen Herausforderungen hinter der Kernfusion stecken. Vor allem auch im Vergleich zur Kernspaltung, bei der die Brennstäbe im Wasser technisch einfacher zu kontrollieren sind.

Wenn es der Menschheit gelänge, die Fusionstechnik zu beherrschen, dann hätte sie eine praktisch unerschöpfliche Energiequelle. Denn der für die Fusion benötigte schwere Wasserstoff (Deuterium) ist auf unserem Planeten reichlich vorhanden.

Kernfusion oder Atomkraft als Lösung unserer Energieprobleme?

Kommen wir zurück zu der entscheidenden Frage, ob und, wenn ja, wie Kernenergie langfristig zu unserer Energieversorgung beitragen könnte und ob sie nicht sogar eine kurzfristige Lösung für die Klimakrise sein könnte. Bei der Kernspaltung wollen wir dabei unterscheiden zwischen den heute gängigen Kernkraftwerken und alternativen – noch nicht kommerziell verfügbaren – Technologien der Kernspaltung, häufig als Technologien der „IV. Generation" bezeichnet. Schauen wir uns die Vor- und Nachteile der einzelnen Techniken an.

Kernfusion

Fangen wir mit der Kernfusion an, weil die Antwort hier recht einfach ist. Auch wenn an der Kernfusion mittlerweile fast genauso lange geforscht wird wie an der Kernspaltung, ist eines sicher: In den nächsten 50 Jahren wird sie trotz milliardenschwerer Forschungsgelder nicht als globale Energiequelle der Menschheit zur Verfügung stehen, wenn das überhaupt jemals der Fall sein sollte.

Dabei hätte sie einige Vorteile: voraussichtlich kurzlebige (einige Jahrzehnte) und mengenmäßig überschaubare radioaktive Abfälle und voraussichtlich höhere Sicherheit als Kernkraftwerke. Aber wir müssen bislang noch auf den erfolgreichen Start eines Fusionsreaktors warten. 2025 soll die wissenschaftliche Arbeit am Kernfusionsreaktor ITER beginnen und dann für die nächsten 20 bis 30 Jahre andauern. Erst dann können wir eine bessere Vorhersage treffen, ob und wann ein technischer Einsatz als Energiequelle möglich sein wird.

Heutzutage gängige Kernkraftwerke

Atomkraft weist im Vergleich zu fossilen Brennstoffen einige Vorteile auf. Die wichtigsten: Beim Prozess der Energiegewinnung entsteht fast gar keine Emission von treibhausaktiven Gasen, und man kann mit relativ geringen Rohstoffmengen an spaltbarem Material große Energiemengen freisetzen. Aber auch im Vergleich zu den erneuerbaren Energien gibt es Vorteile: Zum Beispiel ist der Platzbedarf äußerst gering, und die Kernkraft ist wetterunabhängig, anders als Windkraft und Fotovoltaik. Nur in sehr heißen Wetterphasen wurden Kernkraftwerke gedrosselt, wenn nicht genügend Kühlwasser zur Verfügung stand.

Um Kernkraft aber vollumfänglich zu bewerten, muss man weitere Kriterien betrachten, über die wir im Folgenden sprechen wollen: die Sicherheit der Anlagen, die radioaktiven Abfälle, der Preis für Atomstrom, die Verfügbarkeit von Uran und die Möglichkeit, Plutonium für den Bau von Atomwaffen zu generieren.

Kernspaltung kann nur in Kernreaktoren erfolgen, die mit besonderen Sicherheitsvorkehrungen ausgestattet sind, um die komplexen physikalischen Prozesse zu beherrschen. Diese erfordern erhebliche Investitionen. Durch die anfallende Radioaktivität besteht die Gefahr lebensgefährlicher Strahlenbelastung von Mensch und Natur. Durch menschliches Versagen oder technische Pannen können radioaktive Stoffe freigesetzt werden und dadurch im Extremfall ganze Gebiete für extrem lange Zeit kontaminieren und unbewohnbar machen.

Ein solcher Fall trat 1986 im damals sowjetischen Kernkraftwerk in Tschernobyl auf. Dort kam es durch technische Probleme und menschliches Versagen zu einer Explosion in einem der Kernreaktoren, bei der viele Tonnen radioaktives Material in die Atmosphäre gelangten. In der Folge wurde selbst im über 1500 Kilometer entfernten Deutschland eine erhöhte Radioaktivität registriert. 2011 kam es erneut zu einem großen Unfall, nämlich im japanischen Fukushima infolge eines Tsunamis. Beide Male hatten die Unfälle erhebliche Auswirkungen auf alle laufenden Kernkraftwerke, die wegen der plötzlich veränderten Risikoeinschätzung teilweise sofort monatelang abgeschaltet wurden. In Deutschland war der Unfall in Fukushima Anlass, die zuvor beschlossene Laufzeitverlängerung der Kernkraftwerke zurückzunehmen. Einige Kernkraftwerke wurden mit Verabschiedung eines neuen Atomgesetzes gleich stillgelegt. Neben Tschernobyl und Fukushima gab es viele weitere Unfälle, die fast zu ähnlichen Katastrophen geführt hätten.

Ein weiteres Problem ist der Umgang mit den radioaktiven Abfällen. Diese bestehen aus dem ursprünglich eingesetzten Uran und vielen unterschiedlichen lang- und kurzlebigen Spaltprodukten. Außerdem entsteht in jedem Kernreaktor hochgiftiges und kernwaffenfähiges Plutonium. Für die endgültige Lagerung solcher höchst gefährlicher Abfälle – abgeschirmt für mindestens Zehntausende von Jahren, in Deutschland offiziell für eine Million Jahre – muss erst noch eine sichere und akzeptable Lösung gefunden werden, was sich als nicht einfach erweist. Dieses Problem würde sich bei einem starken Ausbau der Kernkraft deutlich verschärfen.

Noch ein Nachteil von Atomkraft ist, dass sich vor allem für neue Kraftwerke bei einer Vollkostenrechnung des Betriebs eine Erhöhung des Preises für Kernenergie ergeben würde, die sie im Vergleich zu Energie aus Wind- und Sonnenkraft als nicht wettbewerbsfähig erscheinen lässt. Zudem sind im Preis von Atomstrom realistische Kosten für Rückbau, Atommülllagerung und Risiken für Unfälle meist gar nicht einkalkuliert. Diese Kosten und die notwendigen Sicherheitsmaßnahmen machen die Kernenergie einfach zu teuer. Es ist fraglich, ob Unternehmen ohne staatliche Zuschüsse und Garantien in neue Kraftwerke investieren würden, ganz im Gegensatz zu Wind- und Solarkraftwerken, die weltweit unkompliziert geplant und in Betrieb genommen werden können.

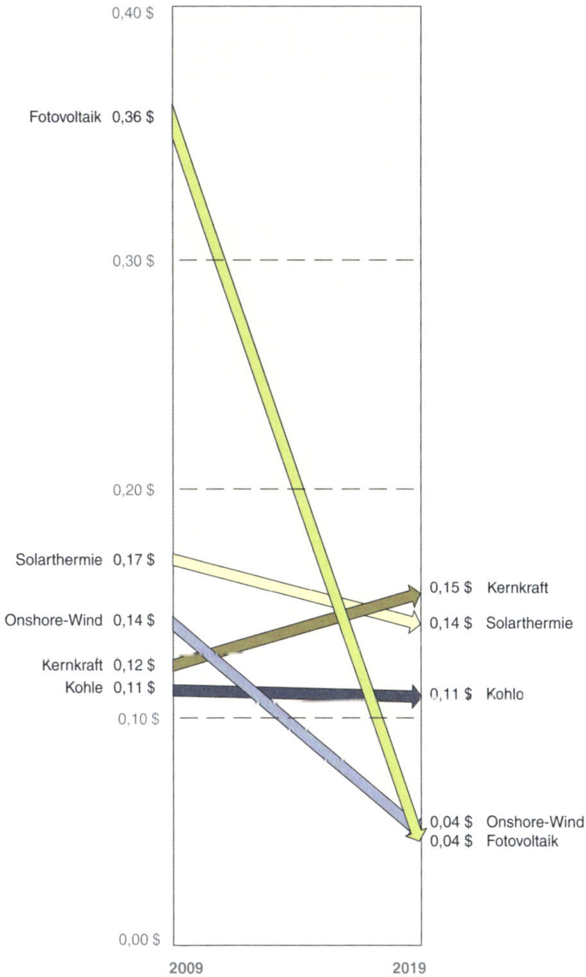

Entwicklung des Preises für 1kWh Strom zwischen 2009 und 2019 in der Gesamtkostenrechnung. Bei der Fotovoltaik ist der Preis von 0,36 auf 0,04 US-Dollar gesunken, während er sich beim Atomstrom von 0,12 auf 0,15 US-Dollar erhöht hat, wobei die Folgekosten hier noch gar nicht berücksichtigt sind. (Eigene Darstellung nach Grafik von Max Roser, ourworldindata.org, CC-BY)

Ein weiteres Argument gegen eine weltweite massive Aufstockung von herkömmlichen Kernkraftwerken ist die Gewinnung von Uran. Der Abbau geht mit immensen Umweltschäden einher wie hohen Strahlen- und Schwermetallbelastungen. Die bekannten Ressourcen reichen für den Bedarf auf heutigem Niveau zwar noch für mindestens 100 bis 200 Jahre. Allerdings deckt Kernkraft nur circa fünf Prozent des Primärenergiebedarfs der Menschheit. Sollte die Kernkraft einen substanziellen Anteil der weltweiten Energieversorgung übernehmen, müssten neben vielen neuen Kernkraftwerken neue Uranressourcen (mit all ihren Begleiterscheinungen) erschlossen werden, die man erst noch finden muss. Eine mögliche Lösung für dieses Problem wären Reaktoren der sogenannten „IV. Generation", über die wir gleich noch sprechen werden.

All die Nachteile von herkömmlichen Kernkraftwerken – die Begrenztheit von einfach erschließbaren Uranvorkommen, das Risiko eines Reaktorunfalls, die Erzeugung von Plutonium für Kernwaffen, die Frage der Endlagerung und die Kosten – führen schon lange zu einer intensiven Diskussion über die Nutzung von Kernenergie. Ob allerdings die größere Gefahr für die Menschheit nicht doch vom Klimawandel ausgeht und die Kernkraft dabei als Lösung erfolgversprechender wäre als die erneuerbaren Energien oder diese gut ergänzen würde und man daher die Nachteile und Gefahren in Kauf nehmen sollte, wird unterschiedlich gesehen. Vergessen wird dabei aber oft ein entscheidendes Argument: dass nämlich aufgrund der Dringlichkeit der Klimakrise gar keine Zeit für einen massiven Ausbau der Kernkraft bleibt. Allein der Bau Hunderter, wenn nicht gar Tausender benötigter Kernkraftwerke würde viele Jahrzehnte in Anspruch nehmen – Zeit, die wir nicht haben.

In Deutschland sind in den letzten Jahren im Unterschied zu einigen anderen Ländern keine neuen Kernkraftwerke gebaut worden. Im Gegenteil, im Jahr 2022 wird der letzte Kernreaktor in Deutschland vom Netz genommen. In anderen Ländern dagegen wird auch in Zukunft mit Kernkraft geplant, und bestehende Anlagen werden vorerst nicht abgeschaltet.

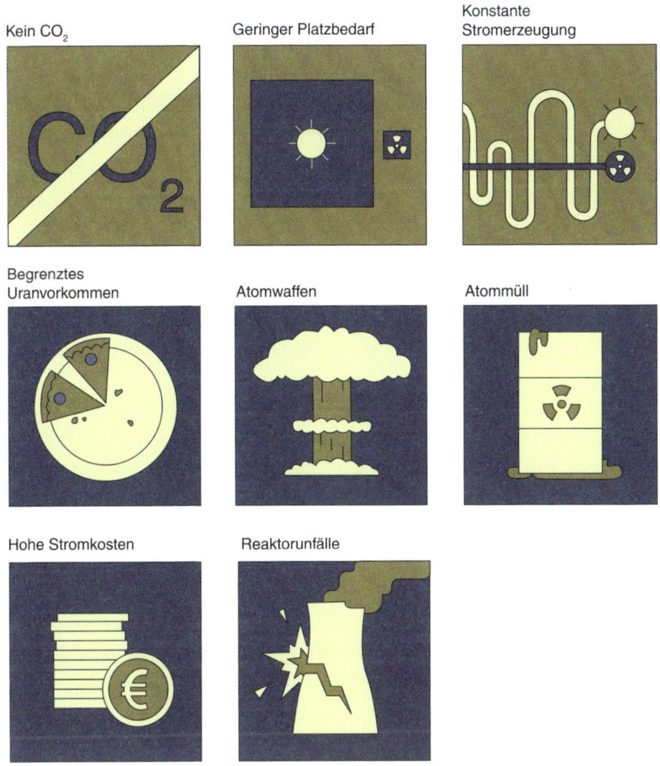

Die Vorteile (oben) und die Nachteile (unten) der Kernenergie.

Atomkraftwerke der „IV. Generation"

Unter diesen Begriff fallen viele alternative Technologien für die Kernspaltung, an denen geforscht wird, darunter sogenannte Brüter, Hochtemperaturreaktoren oder Salzschmelzreaktoren. Das Ziel solcher Entwicklungen ist, die oben genannten Nachteile zu reduzieren und die Sicherheit und Rentabilität der Kernkraft zu erhöhen. Ein Versprechen ist, dass die Abfälle herkömmlicher Kernkraftwerke eingesetzt werden können und ein Vielfaches mehr an Energie gewonnen werden kann.

Die Konzepte werden – auch wenn sie oft als „neu" bezeichnet werden – zum Teil schon seit Jahrzehnten diskutiert und entwickelt. Es handelt sich hierbei häufig um interessante theoretische Ansätze, die zumindest einzelne der genannten Nachteile von herkömmlicher Kernkraft kompensieren sollen. Fast allen Konzepten ist allerdings gemein, dass sie sich in einem frühen Entwicklungsstadium befinden. Ein zuverlässiger und weitverbreiteter Einsatz zur Energiegewinnung benötigt daher noch viele Jahrzehnte Entwicklungsarbeit. Es gibt enorm viele technische Herausforderungen, etwa die Kühlung mit flüssigem Natrium, das an der Luft sofort zu brennen beginnt, um nur ein Beispiel zu nennen.

Selbst Brutreaktoren – die in der Entwicklung etwas weiter sind – sind noch lange nicht auf dem technischen Stand, um weltweit in größerer Zahl eingesetzt zu werden. Vereinzelt sind Anlagen am Netz, etwa in Russland, aber selbst dort wird nicht über Duplikate nachgedacht, sondern über völlig überarbeitete Weiterentwicklungen. Denn wie bei allen bestehenden Anlagen dieser Art ist die Zuverlässigkeit zu gering, die Sicherheit problematisch, und die Kosten sind enorm hoch. Der Wechsel zu Brütern ist mit hohen technischen Herausforderungen verbunden, die allesamt sauber gelöst sein wollen. Zudem kann man hier an vielen Stellen nicht auf Techniken und Sicherheitskonzepte zurückgreifen, die sich schon über Jahrzehnte bewährt haben. Wie die meisten anderen alternativen Konzepte haben Brüter zudem den großen Nachteil, mit waffenfähigem Plutonium zu arbeiten. Ob Brüter daher jemals kommerziell wettbewerbsfähig betrieben werden können, ist noch völlig unklar.

Innerhalb der nächsten Jahrzehnte ist also nicht mit einem massiven Ausbau von neuartigen Reaktortypen zu rechnen. Ob sich einzelne Technologien überhaupt zur Marktreife entwickeln lassen und die angesprochenen Nachteile bisheriger Kernkraftwerke kompensieren können, weiß man heute nicht. Denn Schwierigkeiten entdeckt man häufig erst dann, wenn die Anlagen in einen Testbetrieb gehen. Ähnliches gilt für den Einsatz von Brennstoffalternativen zu Uran wie zum Beispiel Thorium.

Diese Konzepte können somit vorerst nicht als Lösung für unseren Energiebedarf und damit nicht zur möglichst baldigen Eindämmung der Klimakrise zum Einsatz kommen. Das bedeutet allerdings nicht, dass man an solchen Technologien als mögliche Energiequellen der Menschheit für das 22. Jahrhundert nicht weiter forschen sollte.

Fazit: Können Atomkraft und Kernfusion zur Lösung der Klimakrise beitragen?

Herkömmliche Atomkraft kann aufgrund der hohen Investitions- und Folgekosten, der Dauer eines massiven Ausbaus von Kraftwerken und der Probleme einer zusätzlichen Uranerschließung nur einen kleinen Beitrag zur Lösung der Klimakrise leisten und keinen substanziellen Teil der Energieversorgung übernehmen. Als Alternative propagierte Technologien der sogenannten „IV. Generation" bleiben aktuell ein großes Versprechen, aber aufgrund ihrer technischen Komplexität und des möglichen Missbrauchs für Atomwaffen werden sie voraussichtlich nicht für alle Menschen zu zugänglichen Energiequellen werden. Angesichts der unmittelbaren Dringlichkeit der nötigen Transformationsprozesse kämen die neuen Technologien der Kernspaltung viel zu spät, sofern sie überhaupt jemals technisch und finanziell marktfähig werden. Und bei der Kernfusion ist die Zukunft noch völlig offen.

Es wird also klar, dass wir uns auf die erneuerbaren Energien konzentrieren sollten, die zum großen Teil technisch ausgereift und im Vergleich zu den fossilen Energien finanziell konkurrenzfähig sind. Ihr Potenzial haben wir in den vorhergehenden Kapiteln ausführlich abgeschätzt. Was all unsere Erkenntnisse nun für uns und unsere Zukunft bedeuten, wollen wir im abschließenden Kapitel diskutieren.

Was bedeutet das alles für uns?

Nun sind wir alle erneuerbaren Energiequellen und deren Potenzial für unsere Energieversorgung in Deutschland durchgegangen, haben dargelegt, warum Atomkraft und Kernfusion nicht als mittelfristige Alternativen infrage kommen, und uns einen Überblick über Speichertechnologien verschafft. Hätten Sie das gedacht? Dass es so schwierig würde, unseren kompletten Energiebedarf aus CO_2-freien Energiequellen zu decken? Auch wenn es beim Blick auf unsere Bilanz anscheinend theoretisch möglich wäre, zumindest unseren heutigen Endenergieverbrauch aus erneuerbaren Energien zu decken, müssen wir uns klarmachen, dass wir relativ großzügige Annahmen gemacht haben, und dürfen auch nicht vergessen, wie enorm unser Energieverbrauch ist. Aber was bedeuten die gewonnenen Erkenntnisse nun für uns? Es ist durchaus möglich, dass Sie zu anderen Schlussfolgerungen gelangen als wir. Aber das macht nichts, das Wichtigste ist zunächst ein gutes Verständnis der zugrunde liegenden Tatsachen. Dieses Verständnis hoffen wir, mit unseren Ausführungen gelegt zu haben.

Was haben wir gelernt?

Vielleicht denkt der eine angesichts unserer Erkenntnisse: „Ha, das habe ich schon immer gesagt, das Ganze bringt nichts!“ Und die andere: „Ja, dann müssen wir uns halt ganz besonders anstrengen, um die Energiewende hinzubekommen.“ Wer hat recht? Was wären die Alternativen anstelle der erneuerbaren Energien und was bedeutet in diesem Zusammenhang Anstrengung? Müssen wir uns vielleicht selbst aufs Fahrrad setzen? Fassen wir erst einmal zusammen, was wir gelernt haben:

- Unser **Energiehunger** hat fast unstillbare Ausmaße angenommen, es wird alles andere als einfach, diesen Appetit ohne fossile Brennstoffe zu decken, vor allem, weil die Weltbevölkerung noch weiterwachsen wird und viele Länder Nachholbedarf haben.
- Es gibt **keine weiteren, noch unentdeckten Energiequellen oder fantastischen technischen Erfindungen**, die unsere Probleme auf einen Schlag lösen werden. Es wird sicherlich effizientere und günstigere Technologien geben, um die vorhandenen Quellen auszuschöpfen, aber die Energiedichte von Wind, Sonne, Wellen etc. wird sich dadurch nicht magischerweise erhöhen.
- Die mit Abstand größten Beiträge von Seiten der erneuerbaren Energien werden weltweit **Wind und Sonne** liefern. Flankiert werden sie je nach geografischer Lage von Wasserkraft, Biomasse und Geothermie. Die anderen Quellen werden nur lokal, aber nicht weltweit einen relevanten Beitrag leisten können. Das gilt insbesondere für Deutschland, wo außer Wind- und Sonnenkraft wenige andere Alternativen bleiben.

- Wir brauchen enorm **große Flächen** für Windkraftwerke, Fotovoltaik-Anlagen und womöglich für Biomasse. Ein Windrad hier und da oder ab und zu eine Fotovoltaik-Anlage auf einem Dach wird keinesfalls ausreichen. Biomasse und Nahrungsmittelproduktion werden weiterhin in Konkurrenz stehen. Unsere Flächen sind zwar nur Annahmen, die auch anders gewählt werden können, geben aber ein Gefühl für die Größenordnungen.
- Da Wind und Sonne nicht permanent Energie liefern, werden wir uns Gedanken darüber machen müssen, wie man diese **Schwankungen ausgleichen** kann. Mit zunehmendem Ausbau der erneuerbaren Energien werden leistungsfähige Speicher und Speichertechnologien in Zukunft immer wichtiger. Und der Verbrauch wird sich mehr an die Produktion anpassen.

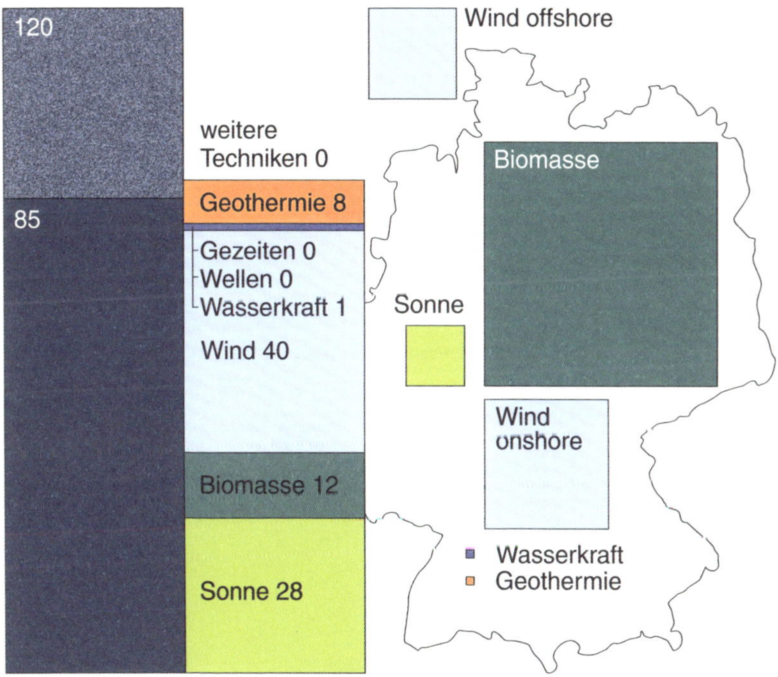

Das Ergebnis unserer Abschätzungen: 89 Fahrradfahrer oder 89 kWh pro Person und Tag für jeden aus erneuerbaren Energien. Damit könnten wir unseren aktuellen Endenergiebedarf von 85 kWh decken. Den aktuellen Primärenergiebedarf von 120 kWh erreichen wir damit zwar nicht, allerdings wird dieser in Zukunft voraussichtlich sinken. Allerdings sind auch schon für 89 kWh große Flächen, vor allem für Biomasse, notwendig. Natürlich hängt das Ergebnis stark davon ab, welche Flächen wir für welche Energiequelle bereitstellen wollen. Vielleicht kommen Sie selbst zu einem anderen Ergebnis, weil Sie zum Beispiel mehr oder weniger Windkraftanlagen für realistisch halten. Daher soll diese Abschätzung keine politische Agenda darstellen, und die 89 Fahrradfahrer sind keineswegs eine feste Vorgabe. Vielmehr wollten wir ein Gefühl für die Größenordnungen vermitteln, mit denen wir es zu tun haben.

Ist eine weltweite, umweltverträgliche Energiewende überhaupt möglich?

Wenn man sich das alles klarmacht, könnte man auch verzagen. Aber das müssen wir nicht. Es wird allerdings keinen einfachen Weg geben. Wie können wir also trotz aller Schwierigkeiten weltweit die Energiewende auf eine umwelt- und sozialverträgliche Art und Weise erreichen? Drei Gesichtspunkte, auf die wir gleich noch im Detail eingehen werden, sind dabei unserer Meinung nach von zentraler Bedeutung:

- **Energieverbrauch reduzieren** und **Verbrauchstechnologien elektrifizieren**

- Notwendige **Infrastruktur für die Energiewende ausbauen:**
  - Energieerzeugung
  - Energieverteilungsnetze
  - Energiespeicher

- **International zusammenarbeiten** (aber nicht auf andere Länder warten)

Energie sparen | Erneuerbare Energien ausbauen | International zusammenarbeiten

Die drei wichtigsten Aspekte für eine erfolgreiche Energiewende.

Es ist wichtig zu betonen, dass alle drei Bereiche von großer Bedeutung sind. In der öffentlichen Diskussion wird vor allem der Ausbau der Wind- und Sonnenenergie diskutiert. Aber die restliche Infrastruktur ist ebenfalls entscheidend, und ohne eine Reduzierung unseres Energieverbrauchs wird die Energiewende deutlich schwieriger. Zudem ist es von enormem Vorteil, international zusammenzuarbeiten.

Energieverbrauch reduzieren und Verbrauchstechnologien elektrifizieren

In vielen Studien, die sich mit einer CO_2-Neutralität bis 2050 befassen, wird eine Reduzierung unseres Energieverbrauchs um 50 Prozent vorausgesetzt. Aber wie genau das zu erreichen ist, wird oft nicht deutlich. Häufig ist die Rede von Effizienzsteigerungen und technologischen Weiterentwicklungen. Diese allein werden unserer Meinung nach aber bei Weitem nicht ausreichen.

Schauen wir uns nämlich den Endenergieverbrauch der letzten 30 Jahre in Deutschland an (also denselben Zeithorizont wie von heute bis 2050), dann sehen wir, dass sich unser Endenergieverbrauch überhaupt nicht verändert hat – trotz immenser Effizienzsteigerungen und neuer Technologien.

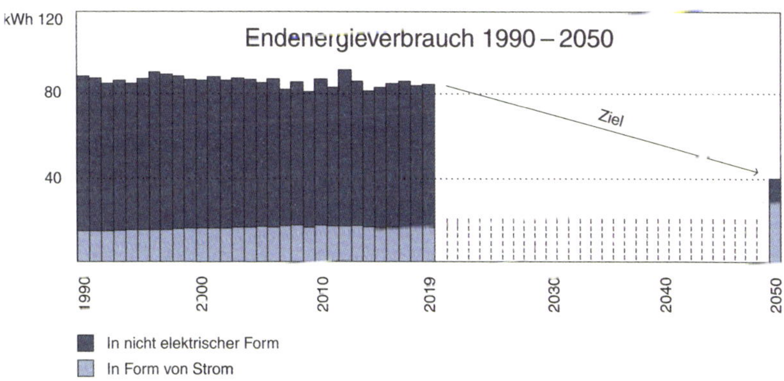

Der Endenergieverbrauch hat sich in Deutschland in den letzten 30 Jahren nicht bewegt. Für die kommenden 30 Jahre wird aber laut vielen Studien ein stark reduzierter Energieverbrauch vorausgesetzt, um Klimaneutralität zu erreichen. Wesentlich ist dabei die Elektrifizierung der Mobilität und der Heizung, weil für denselben Nutzen viel weniger Energie notwendig ist. Realistisch ist diese Reduktion aber vermutlich nur dann, wenn wir auch an anderen Stellen durch Verzicht weniger Energie verbrauchen.

Man kann zwar nicht immer von der Vergangenheit auf die Zukunft schließen, aber wenn man bedenkt, dass zum Beispiel der Energieverbrauch des Digitalsektors um circa neun Prozent pro Jahr steigt, anstatt zu sinken, bekommt man eine Ahnung davon, dass die Energiewende alles andere als ein Spaziergang wird. Deswegen ist eine entscheidende Voraussetzung für eine erfolgreiche Energiewende, dass wir überhaupt für sie bereit sind.

Doch es gibt auch Lichtblicke: Indem wir unsere Heizungen mithilfe von Wärmepumpen und ebenso unsere Mobilität elektrifizieren, steigt die Effizienz deutlich, wir brauchen also weniger Energie für dieselbe Fahrstrecke oder dieselbe Temperatur im Haus. Durch die Umstellung auf erneuerbare Energien fallen zudem die großen Verluste in den fossilen Kraftwerken weg, und andere Entwicklungen wie gut gedämmte Häuser reduzieren unseren Gesamtenergieverbrauch, ohne dass wir auf etwas verzichten müssten. Aber all dies wird nicht reichen. Wir werden uns anpassen und überall weniger Energie verbrauchen müssen, und das werden wir merken: weniger Flüge, mehr Nutzung öffentlicher Verkehrsmittel, weniger energieintensive Produkte, eine andere Ernährung und anderes mehr.

Infrastruktur ausbauen

Der Ausbau von Energieerzeugungsanlagen, von Energiespeichern und Stromnetzen erfolgt nicht unabhängig voneinander. Wenn wir mehr vom einen haben, brauchen wir weniger vom anderen und umgekehrt.

Wenn wir zum Beispiel mehr leistungsfähige Stromnetze haben, die quer durch Deutschland und Europa gehen, können wir Energie von Norden nach Süden oder von Spanien nach Deutschland und umgekehrt schicken. Irgendwo scheint immer die Sonne oder weht der Wind. In diesem Szenario brauchen wir lokal weniger Energiespeicher. Voraussetzung sind allerdings Energieüberschüsse in den jeweils anderen Regionen. Können wir hingegen Schwankungen der Stromproduktion nicht über größere Gebiete ausgleichen, dann benötigen wir lokal mehr Speicher.

Ein weiteres Beispiel: Wenn wir die erneuerbaren Energien überall so massiv ausbauen, dass sie schon unter einigermaßen normalen Bedingungen genug Energie liefern könnten, wären viel weniger Energiespeicher nötig. Bei sehr guten Bedingungen von Wind und Sonne müssten wir die Anlagen dann eben abregeln. Das klingt erst einmal nach großer Verschwendung. Aber wenn das günstiger ist, als viele Energiespeicher oder Stromnetze zu bauen, dann könnte das durchaus sinnvoll sein. Einen gewissen Prozentsatz wird man sowieso immer abregeln müssen, denn würde man für die letzte produzierte Kilowattstunde auch einen Speicher bauen, würde er nur sehr selten genutzt und wäre damit viel zu teuer.

Einen ähnlichen Effekt wie Energiespeicher hätte das Vorhalten von Gaskraftwerken, die nur dann zum Einsatz kommen, wenn es nicht genügend Sonne und Wind gibt. Neben fossilem Erdgas könnten hier auch Biogas und „grüner Wasserstoff" sinnvoll zum Einsatz kommen. Studien zeigen, dass diese Option gar nicht so teuer ist.

Genaue Vorhersagen sind also schwierig, sie hängen vom gewählten Schwerpunkt des Ausbaus ab. Schätzungen darüber, wie viele Speicher wir in 30 Jahren benötigen, gehen deswegen in den Studien weit auseinander. Aber eines ist offensichtlich: Wir werden lernen müssen, überall in Deutschland mit deutlich mehr und deutlich sichtbarerer Energie-Infrastruktur wie Windkraftwerken, Fotovoltaik-Anlagen, Energiespeichern, Strom- und Wärmenetzen zu leben – zusätzlich zur Energieeinsparung. Wir müssen die Windkraftwerke hinter dem Haus und die Fotovoltaik-Anlagen auf unseren Dächern und auf Freiflächen akzeptieren. Die Alternative dazu wäre: keine Energiewende oder, wie im Mittelalter, mit ganz wenig Energie zu leben.

International zusammenarbeiten

Wenn man sich internationale Karten ansieht, die die Stärke der Sonneneinstrahlung oder die Verteilung der Windgeschwindigkeiten abbilden, erkennt man, dass unterschiedliche Gegenden unterschiedlich gut für die einzelnen Energiequellen geeignet sind: Südeuropa, Afrika und Australien etwa eignen sich gut für die Gewinnung von Sonnenenergie, die Küstenregionen vor allem in Nordeuropa und Nordamerika gut für die von Windkraft. Auch die Nutzung von Biomasse hängt stark von der geografischen Lage ab, noch mehr aber von der Bevölkerungsdichte des jeweiligen Landes.

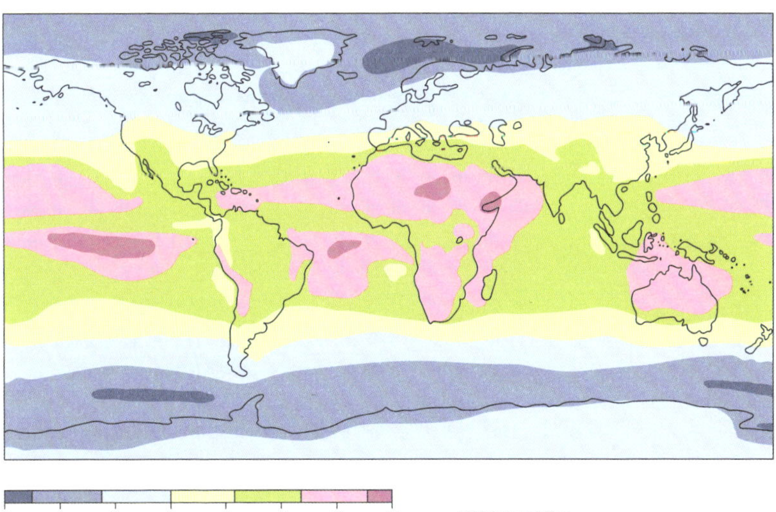

In Südeuropa oder Nordafrika ist die Sonneneinstrahlung fast doppelt so hoch wie bei uns. (Daten nach Mlino76, https://commons.wikimedia.org, CC BY 2.5)

Es würde allen Ländern erhebliche Vorteile bringen, die Energiewende als gemeinsames Projekt voranzutreiben. Dabei geht es nicht nur darum, Energie von einer Region in die andere zu transportieren, sondern auch darum, energieintensive Industrien dort anzusiedeln, wo man erneuerbare Energie günstig erzeugen kann, etwa in Südeuropa oder Nordafrika. Aber natürlich darf das nicht als Argument dienen, zuerst auf die anderen Länder zu warten. Wir sollten die Energiewende bei uns trotzdem mit voller Kraft vorantreiben, gleichzeitig aber international denken.

Bereits heute ist die notwendige Technologie dafür vorhanden und auch bezahlbar, vor allem wenn sich die Preisentwicklung wie bisher fortsetzt. Strom aus Windkraft- und Fotovoltaik-Anlagen ist mittlerweile so günstig geworden, dass er in vielen Teilen der Welt billiger als Kohlestrom ist. Schon heute kann Strom über viele Tausend Kilometer mit geringen Verlusten übertragen werden, und an Speicher- und Wasserstoffinfrastruktur wird intensiv geforscht.

Es fehlen allerdings in vielen Bereichen die politischen Voraussetzungen für eine enge Zusammenarbeit, zum Beispiel zwischen Europa und Nordafrika. Was dagegen Europa an sich betrifft, sind die nötigen Bedingungen dank der Europäischen Union vorhanden. Auch die USA oder China sind als politische Einheiten mögliche Vorreiter für eine Energiewende, denn dort gibt es, ähnlich wie in Europa, über das gesamte, große Land verteilt ausreichend Wind, Sonne, Geothermie und Fläche für ergänzende Biomasse.

Es liegt damit auch an uns als Wählerinnen und Wählern, dahingehend auf unsere Politiker einzuwirken, dass wir neben einer nationalen auch eine länderübergreifende Strategie verfolgen. Wichtig ist dabei auch, die sozialen Aspekte der Teilhabe an günstiger Energie nicht zu vernachlässigen. Europa könnte hier mit der Europäischen Union eine Vorreiterrolle einnehmen und hat – angesichts seines historischen Beitrags zur CO_2-Anreicherung in der Atmosphäre – auch die Pflicht dazu.

Welche Rolle spielen wir?

Aber es sind nicht nur die Politiker, sondern es ist auch die Bevölkerung, die ihren notwendigen Beitrag zum Strukturwandel zu leisten hat. Wir alle sind gefordert! Wir müssen die Ausbaumaßnahmen akzeptieren, unseren Beitrag beim Energiesparen leisten und vor allem kollektiv Verantwortung für die zukünftigen Generationen übernehmen. Technologische Umwälzungen gab es öfter in der Geschichte der Menschheit, aber noch nie hat die nächste Generation deutlich weniger Energie verbraucht als die vorherige, außer nach schweren Katastrophen. Wir stehen also vor einer großen Herausforderung.

Das oft gehörte Argument: „Deutschland ist nur für zwei Prozent des weltweiten CO_2-Ausstoßes verantwortlich, was ändert es da schon, wenn wir uns anstrengen?", vernachlässigt die tatsächliche Rolle des langjährigen Exportweltmeisters Deutschland und die Tatsache, dass die Bevölkerung Deutschlands nur ein Prozent der Weltbevölkerung ausmacht, aber trotzdem der sechstgrößte Emittent der Welt ist. Zudem könnte man mit diesem Argument jede kollektive Pflicht, wie etwa Steuern zu bezahlen, sabotieren.

Wenn die reichsten Länder dieser Welt ihren CO_2-Ausstoß nicht reduzieren, warum sollen es dann die ärmeren Länder tun? Es geht nicht nur um eine Vorbildrolle, sondern auch um internationale politische Glaubwürdigkeit, wenn gerade die reichen, hoch industrialisierten Länder ihren Teil beitragen. Kurz und knapp: Wir sollten auf nationaler Ebene mit schnellen Schritten vorangehen, in möglichst enger Koordination mit unseren europäischen Partnern, auf die wir aber notfalls nicht warten dürfen. Der europäische „Green Deal" braucht einen erheblichen deutschen Anteil. Und letztlich ist nichts attraktiver als ökonomischer Erfolg – und der ist mit einer Energiewende durchaus wahrscheinlich.

Voraussetzung und der erste Schritt zu einer erfolgreichen Energiewende, und damit zu einem Fundament für eine gedeihliche Zukunft, ist die grundlegende Einsicht aller Akteure, wenn es um das Thema Energie geht. Es ist wichtig zu wissen, welche Rolle Energie spielt und wie stark unser Lebensstandard von Energie abhängt. Und wir sollten die Zahlen kennen: Wie viel Energie benötigen wir und woher soll diese Energie in Zukunft kommen? Ganz im Sinn Sir David MacKays, einem der Ersten, der die erneuerbaren Energien einer breiten Öffentlichkeit nahegebracht hat und uns mit seinen Abschätzungen zu den Potenzialen der erneuerbaren Energien und deren Darstellung in Kilowattstunden pro Tag und Person inspiriert hat:

> „I would like to help people have honest and constructive conversations about energy. We need to understand how much energy our modern lifestyles use, decide how much energy we would like to use in the future and choose where we will get that energy from."

> „Ich möchte dazu beitragen, dass die Menschen ehrliche und konstruktive Gespräche über Energie führen. Wir müssen verstehen, wie viel Energie mit unserem modernen Lebensstil verbunden ist, entscheiden, wie viel Energie wir in der Zukunft verbrauchen wollen und auswählen, woher diese Energie kommen soll."

Mit diesem Buch wollen wir zur Diskussion über erneuerbare Energien einen Beitrag leisten. Reden auch Sie mit!

Danke!

Mit dem Buch war viel Arbeit verbunden, viel mehr als wir am Anfang dachten, so wie es meistens ist. Aber das ist gut so, sonst würde man die Hälfte der Projekte gar nicht starten. Viele Menschen haben uns im Laufe dabei unterstützt, dafür sind wir sehr dankbar. Zuallererst wollen wir uns bei unseren Familien und Freunden bedanken, sie haben manche Stunde ohne uns verbracht.

Ganz besonders möchten wir uns bei der Fakultät Design der Hochschule München bedanken für die Zusammenarbeit. Die kommunikative Kraft des Designs bei der Vermittlung komplexer Themen ist uns in diesem Projekt bewusst geworden. Speziell nennen möchten wir Prof. Ben Santo und Katrin Laville für die Organisation, Prof. Matthias Edler-Golla für die Betreuung beim Entwerfen der Website sowie Nicolas Pakai für seinen Einsatz bei der Digitalisierung der Grafiken.

Des Weiteren wollen wir uns bei den folgenden Personen bedanken, die uns hilfreiche Rückmeldungen zu unterschiedlichsten Zeiten im Laufe des Projekts gegeben haben: Dr. Christoph Pistner, Dr. Felix Prinz zu Löwenstein, Gudrun Mebs, Christoph Barthe, Markus Röger, Prof. Dr. Eva-Irina von Gamm, Prof. Dr. Felicitas Maunz, Leon Ehrmann, Selma Olbort und Regina Lino.

Vielen Dank ebenso an den Verlag und die Produzenten des Buches für die Zusammenarbeit: Julia Hoffmann, Markus Dockhorn, Karin Herres, Anne Tucholski und, last but not least, Britta Egetemeier.

Christian Holler ist Professor für Ingenieurmathematik an der Fakultät für angewandte Naturwissenschaften und Mechatronik, Hochschule München. Zuvor hat er in experimenteller Astrophysik an der Universität Cambridge promoviert und später zu diesen Themen in Oxford geforscht. Seit einigen Jahren beschäftigt er sich intensiv mit erneuerbaren Energien und der öffentlichen Diskussion darüber. Seit 2021 ist er zudem Innovationsprofessor für Lehre, um den interdisziplinären Schwerpunkt Nachhaltigkeit weiter auszubauen und neue Lehrangebote zu schaffen.

Joachim Gaukel ist Mathematiker mit Stationen in Stuttgart und Darmstadt. Nach einigen Jahren in der Versicherungsbranche ist er seit über zehn Jahren Professor an der Hochschule Esslingen. Neben Vorlesungen zur Mathematik hält er auch Vorlesungen über erneuerbare Energien. Ein nachhaltiger Lebensstil ist ihm schon immer ein Anliegen gewesen. Zu Hause auf dem Dach befindet sich eine Fotovoltaik- und Solarthermie-Anlage. Und die Fahrten zum Arbeitsplatz hat er zeitlebens fast immer mit öffentlichen Verkehrsmitteln oder mit dem Fahrrad zurückgelegt.

Christian Holler und Joachim Gaukel haben zudem gemeinsam das Buch *Erneuerbare Energien – ohne heiße Luft* geschrieben, erschienen 2018 beim U.I.T Verlag. Wenn wir Ihr Interesse an den erneuerbaren Energien wecken konnten und Sie tiefer in Technik und Zahlen einsteigen möchten, werfen Sie doch einen Blick in dieses Buch!

Harald Lesch ist Professor für theoretische Astrophysik an der Ludwig-Maximilians-Universität München und einer der bekanntesten Naturwissenschaftler Deutschlands. Er vermittelt seit vielen Jahren der breiten Öffentlichkeit spannendes naturwissenschaftliches Wissen. Er hat zahlreiche Bücher veröffentlicht, in denen er sich neben vielen weiteren Themen intensiv mit unserer Welt von morgen auseinandersetzt. Im ZDF moderiert er unter anderem die beliebte Sendung „Leschs Kosmos".

Florian Lesch ist Ingenieur für erneuerbare Energien und Energietechnik. Nach dem Bachelorstudium hat er sich im Rahmen seines Masterstudiums mit der Erforschung der Weiterverwertung von Abwärme beschäftigt. Nach dem Abschluss arbeitete er selbstständig im Bereich der Gebäudeenergieberatung, Fotovoltaik-Anlagenplanung und am Thema Mieterstrom. Seit 2021 ist er Energie- und Klimaschutzbeauftragter in einer Münchner Landkreisgemeinde. Florian Lesch interessiert und beschäftigt sich seit Jahren intensiv mit Klimaschutz und der Energiewende.

Charlotte Kelschenbach untersuchte in ihrer Bachelorarbeit, mit welcher Bildmechanik wissenschaftliche Zusammenhänge logisch und emotional erschließbar werden. Ihr Interesse gilt dabei der Verbindung zwischen theoretischen Fragestellungen und Bildgestaltung. Sie ist selbstständige Illustratorin und Kommunikationsdesignerin mit eigenen Veröffentlichungen und arbeitet derzeit in den Lebenshilfe-Werkstätten sowie für die Stiftung Digitale Bildung.

Manuel Lorenz untersuchte in seiner Bachelorarbeit, durch welche typographischen Mittel verschiedene kommunikative Ebenen so miteinander verbunden werden können, dass komplexe Inhalte verständlich dargestellt werden. Seine Gestaltung ist bewusst zurückhaltend, sodass die Illustration unterstützt und gleichzeitig der Sachbuchcharakter betont wird. Er ist Ausbilder und Dozent für Druck und Gestaltung an der Stiftung ICP und der Deutschen Journalistenschule.

Anna Ehrnsperger beschäftigte sich in ihrer Bachelorarbeit mit Gestaltung im digitalen Kontext und setzte sich mit der Frage auseinander, wie man zentrale Inhalte eines Sachbuches medienübergreifend darstellen kann, um wissenschaftliche Inhalte und Zusammenhänge auf spielerische Art und Weise erlebbar zu machen (Projektwebsite: www.dieee.de). Sie ist selbstständige UX/UI-Designerin und leidenschaftliche Webentwicklerin.

Anna Lino Roeßle hat ebenfalls an der Fakultät für Design der Hochschule München Kommunikationsdesign studiert. Sie hat das Team nicht nur bei der Umsetzung intensiv unterstützt, sondern im Anschluss an die Bachelorarbeiten auch eigene Gestaltungsideen in das Projekt eingebracht. Ihr beruflicher Schwerpunkt liegt in den Bereichen Konzeption und Buchgestaltung. In ihrer Arbeit setzt sie sich intensiv mit den Themen Design und Didaktik auseinander.

Xuyen Dam ist seit 2010 Professor für Typografie und Kommunikationsdesign an der Fakultät für Design, Hochschule München. 2011 realisierte er das Typografie-Symposium 20PlusX. Neben der Lehre kuratierte und gestaltete er mit Teams von Studierenden das *DOC.* (Fakultätsmagazin) und das *mhm* (Magazin der Hochschule München) und 2021 das Buch *200 Jahre Hochschule München.*